Karl-Hans Seyler

Kompetent Inhalte wiedergeben

7. - 10. Jahrgangsstufe

umweltfreundlich auf chlorfreiem Papier

ISBN 978-3-89291-**380-1**

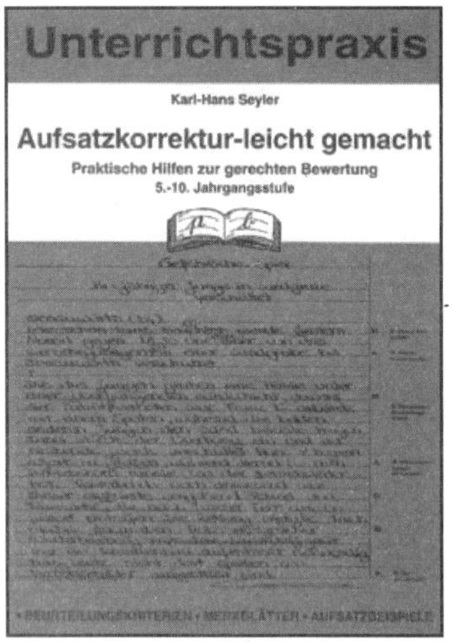

Vorwort
Inhaltsverzeichnis
Wichtige Korrekturzeichen (Vorschlag)

Merkblatt, Bewertungsblatt und ausgewählte Schüleraufsätze für
- Nacherzählung (Jg. 5./6.)
- Erlebniserzählung (Jg. 5./6.)
- Bildergeschichte (Jg. 5./6.)
- Bericht (Jg. 6./7.)
- Gegenstands- und Vorgangsbeschreibung (Jg. 7./8.)
- Bildbeschreibung (7./8.)
- Inhaltsangabe (Jg. 7.-10.)
- Protokoll (Jg. 7.-10.)
- Lebenslauf und Bewerbungsschreiben (Jg. 8.-10.)
- Argumentation/Stellungsnahme (8.-10.)
- Erörterung (Jg. 9.10.)
- Analyse von literarischen Texten (Jg. 9.-10.)
- Analyse von Sachtexten (Jg. 9.-10.)

Mit Hilfe dieses Buches werden Sie
❶ zügiger korrigieren
❷ gerechter bewerten
❸ Transparenz schaffen
❹ Ihren Schülern individuelle Hilfen geben können
❺ die Aufsatzleistung Ihrer Schüler verbessern
❻ in kürzester Zeit über die wichtigen Aufsatzarten informiert sein

In jeder Sequenz werden folgende Materialien angeboten:

❶ Das Merkblatt zur passenden Aufsatzart mit Lösungsblatt
Es ist nach der Erarbeitung in der Klasse für die Hand des Schülers bestimmt.

❷ Das Bewertungsblatt zur passenden Aufsatzart
Dieses ist in einem inhaltlichen und einen sprachlichen Teil untergliedert.
Beide Bereiche sind gleich gewichtet. Die maximal zu vergebenden Punkte stehen in Klammern hinter den einzelnen
Bewertungskriterien. Die tatsächlich erreichten Punkte tragen Sie
rechts am Rand auf die Striche ein. Eine Bewertungsskala ist immer
dabei. Sie finden diese auf dem Bewertungsblatt ganz unten.
Auch dieses Blatt ist für die Hand des Schülers bestimmt und
liegt nach Ihrer Bearbeitung dem korrigierten Aufsatz bei.

❸ Ein korrigierter Schüleraufsatz (Aufsatz 1)
Die Korrekturzeichen am Rand sind auf ein Minimum reduziert
und können von Ihnen selbst nach Belieben modifiziert werden.
Betrachten Sie die Korrekturzeichen auf der Seite 4 nur als Vorschlag. Interpunktionsfehler (I) habe ich in den korrigierten Aufsätzen nicht am Rand vermerkt.

❹ Ein nicht korrigierter Schüleraufsatz (Aufsatz 2)
Sie können diesen Aufsatz entweder selbst oder zusammen mit Ihrer Klasse korrigieren. Schüler motiviert es außerordentlich, einen Aufsatz „ihrem Niveau" verbessern zu dürfen.

❺ Ein ausgefülltes Bewertungsblatt
Das zu obigem Aufsatz ausgefüllte Bewertungsblatt ist nur ein Vorschlag.

❻ Der korrigierte Schüleraufsatz (Aufsatz 2)
Er dient nur zur Ihrer Kontrolle.

Aufsatzkorrektur leicht gemacht
Nr. 523 144 Seiten **€ 21,90**

D Name: _____ Datum: _____

Freie Erörterung
Die Themastellung

Wenn du eine freie Erörterung schreiben sollst, musst du eine Frage, ein Problem, einen Sachverhalt oder eine Behauptung in den wesentlichen Aspekten darstellen und kritisch untersuchen. Dabei gibt es grundsätzlich zwei Aufsatztypen:
① Die **lineare** Erörterung:
In ihr werden Fragen nach **Ursachen**, Erscheinungsformen und **Folgen** eines Problems gestellt. Wichtig: Vom schwächsten zum stärksten **Argument**.
② Die **dialektische** Erörterung:
In ihr werden **zwei** Seiten eines Problems untersucht. Dabei sollst du eine persönliche **Stellungnahme** abgeben.
These (pro) und Antithese (kontra) können münden in eine **Synthese**, eine Entscheidung für die These oder die Antithese oder sogar in **Alternativlösungen**.

Arbeitsauftrag:
Formuliere lineare und dialektische Aufsatzthemen in Form von Fragen, Aufforderungen und Behauptungen zu folgenden in Bildern dargestellten Sachverhalten.

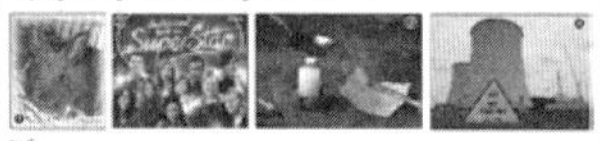

zu ①
1. Ein Haustier erfordert Pflege und Zuwendung. Erörtere.
2. Warum ist die Casting-Show „Deutschland sucht den Superstar" so erfolgreich?
3. Der Drogenkonsum bei Jugendlichen nimmt immer mehr zu. Zeigen Sie Gründe und Folgen auf.
4. Unsere Wirtschaft braucht wieder mehr Kernkraftwerke. Welche Gründe führen Befürworter dieser These an?
5. Unser Klima spielt verrückt. Erörtern Sie mögliche Ursachen.

zu ②
1. Findest du, dass ein Haustier erzieherischen Wert für dich hat?
2. „Deutschland sucht den Superstar" – brauchen wir das?
3. Was spricht für, was gegen die Freigabe von Drogen?
4. Kernkraftwerke – Fluch oder Segen für die Menschheit?
5. „Klimakatastrophe" – das Wort des Jahres 2007. Der Klimaschutz ist die größte umweltpolitische Herausforderung der Menschheit. Stimmen Sie dieser Aussage zu?

© pb-Verlag Puchheim • Aufsatz 9-10 Kompetent erörtern

1. Erörterungstypen
2. Freie Erörterung: Lineare und dialektische Erörterung
3. Themastellung
4. Stoffsammlung/Stoffordnung
5. Stoffgliederung
6. Einleitung
7. Schluss
8. Hauptteil
Argumentationsschema/Argumente ausformulieren/ Absätze/Überleitungen
9. Merkmale: Erörterung
10. Zehn Tipps zur Erörterung
11. Beurteilungskriterien: Erörterung
12. Beispiele für freie Erörterung:
9. Klasse:
a. Ein Urlaub mit der Clique – vorteilhaft?
b. Für die meisten Kinder und Jugendlichen ist ein Computer mit Internetanschluss selbstverständlich. Welche Vorzüge und Gefahren ergeben sich daraus?
c. Sollten Kinder ihr Elternhaus mit Erreichen der Volljährigkeit verlassen?
d. Piercing – Körperschmuck oder Körperverletzung?
e. Was spricht für, was gegen das Auswandern?
f. Fast Food wird immer beliebter. Was spricht für, was gegen diese Essgewohnheiten?
g. Discos sind die Tanztempel unserer Zeit. Erörtere, warum Diskotheken bei Jugendlichen so beliebt sind und zeige mögliche Gefahren auf.
h. Müll wird für unsere Gesellschaft zunehmend zu einem Problem. Was verursacht dieses gigantische Müllaufkommen? Was kann der Einzelne dagegen tun?
10. Klasse:
a. Computerspiele sind bei Jugendlichen sehr beliebt. Zeigen Sie Gründe, aber auch Gefahren auf.
b. Braucht man Markenklamotten zur gesellschaftlichen Akzeptanz?
c. Die Gewaltbereitschaft bei Kindern und Jugendlichen nimmt rapide zu. Besonders Schulen sind davon betroffen. Worin sehen Sie mögliche Ursachen? Zeigen Sie einige Lösungsansätze auf.
d. Soll Medienerziehung schon im Kindergarten beginnen?
e. Viele Jugendliche haben ein distanziertes Verhältnis zur Politik. Worin sehen Sie mögliche Ursachen und welche Folgerungen sollten Politiker daraus ziehen?
f. Massentourismus – Ja oder Nein?
g. Die Zahl der Ausschreitungen bei großen Fußballereignissen nimmt ständig zu. Zeigen Sie mögliche Ursachen auf. Welche Gegenmaßnahmen gibt es?
h. Für alte, kranke und sterbende Menschen haben wir heutzutage immer weniger Zeit. Warum ist das so? Nennen Sie Ursachen für diese Entwicklung?

Kompetent erörtern 9./10.
Nr. 378 98 Seiten **€ 18,90**

80

D Name: _____ Datum: _____

Begründete Stellungnahme
Fatal: Ein Verbot von gewalttätigen Spielen. Was meinst du?

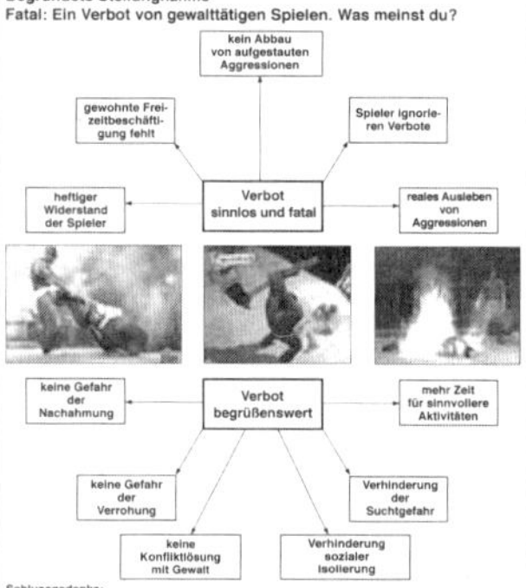

Schlussgedanke:
Ich meine, dass es enorm wichtig ist, die Eltern zu unterstützen, dass sie ihre Kinder vor einem exzessiven und gewaltorientierten Medienkonsum bewahren. Das sollte auch durch Schulen geschehen, die Kindern und Jugendlichen attraktive Angebote für Sport, Musik und gesellschaftliche Aktivitäten machen sollten. Bei Computerspielen, die zur virtuellen Teilnahme an extremen Gewaltexzessen auffordern, muss es Aufgabe des Staates sein, auch mit Mitteln des Strafrechts die Herstellung und Verbreitung solcher Spiele an Kinder und Jugendliche zu unterbinden.

© pb-Verlag Puchheim • Aufsatz 7-9 Kompetent Stellung nehmen

Kompetent Stellung nehmen
1. Wo man überall Stellung nimmt
2. Stellung nehmen ist mehr als kritisieren
3. Die Stoffsammlung und Stoffordnung (1)
4. Die Stoffsammlung und Stoffordnung (2)
5. Exemplarisches Vorgehen bei der Anfertigung einer Stellungnahme
6. Der Einleitungsgedanke
7. Der Schlussgedanke
8. Der Hauptteil
9. Merkmale
10. Beurteilungskriterien
11. Beispiele
7. Klasse:
a. Mutproben - Dummheit oder Heldentaten?
b. Ferienjobs - eine gute Idee?
c. Alkopops - Gefahr in Harmlosigkeit verpackt. Stimmst du dieser Aussage zu?
d. Warum ist Taschengeld notwendig?
e. Wie wichtig ist Fernsehen für dich? Nimm dazu Stellung.
8. Klasse:
a. Schön sein, fit sein, stark sein - ein neuer Kult? Auf Dauer reicht es mit Sicherheit nicht aus, Lebensqualität nur über Fitness und ein äußerlich perfektes Aussehen zu suchen. Es gibt noch mehr, was dein Leben lebenswert macht. Nimm ausführlich dazu Stellung.
b. Fehler im menschlichen Zusammenleben passieren immer wieder. Aber aus Fehlern kann man lernen und viele kann man wieder gutmachen. Erläutere dies ausführlich an zwei eigenen Beispielen.
c. Welche Überlegungen können bei deiner Berufswahl eine Rolle spielen?
d. Führerschein mit 17 - sinnvoll?
9. Klasse:
a. Können virtuelle Freunde die „echten" Freunde ersetzen? Vergleiche und nimm Stellung.
b. „Was du nicht willst, das man dir tu', das füg' auch keinem andern zu." Zeige an Beispielen aus verschiedenen Lebensbereichen, dass respektvoller Umgang miteinander in unserer Gesellschaft unverzichtbar ist.
c. Ausbildungsabbruch - was nun?
d. Tanja Rest, die Autorin des Artikels „Sex und hopp", meint, dass im Nachmittagsfernsehen zu viel und in falscher Weise mit dem Thema „Sex" umgegangen wird. Nimm zu dieser Aussage Stellung.
e. Musik hat für den Menschen eine fundamentale Bedeutung. Was meinst du zu dieser Aussage?
f. Doping und Hochleistungssport hängen eng zusammen. Nimm zu dieser Behauptung Stellung.
g. Werbung bringt für den Konsumente Vorteile, aber auch Gefahren mit sich. Stimmt das? Nimm dazu Stellung.
h. Fatal: Ein Verbot von gewalttätigen Spielen. Was meinst du?
i. Ecstasy - eine niedliche Droge?

Kompetent Stellung nehmen 7.-9.
Nr. 668 82 Seiten **€ 17,90**

Trainingsziele:

Sprachkompetenz **Überzeugungskraft**
Kritikfähigkeit **Planungsfähigkeit**

Methode: Argumentieren im Innen-/Außenkreis

Organisation: Innen- und Außenkreis aus Stühlen
Material: Block, Stift
Thema: Neuer Job, neues Einkommen

Methodische Überlegungen:
Im Klassenzimmer werden 2 Stuhlkreise aufstellt. Beide Kreise haben die gleiche Anzahl an Stühlen. Die Gesamtstuhlzahl entspricht der Klassenstärke. Ein Stuhl aus dem Innenkreis steht immer einem des Außenkreises gegenüber.
Die Schüler haben die Aufgabe, drei Statements zum Thema des vorliegenden Text zu entwerfen, die ihnen besonders wichtig erscheinen. Danach verteilen sie sich in den beiden Stuhlkreisen. Die beiden gegenübersitzenden Schüler tragen dann ihrem gegenübersitzenden Partner die persönlichen Statements vor. Haben beide Schüler unterschiedliche Meinung zum Text, sollen sie versuchen, sich gegenseitig von der Richtigkeit der eigenen Statements zu überzeugen. Haben sie gleiche oder ähnliche Ansichten, führen die Schüler ein Gespräch über den Text, basierend auf den Statements. Auf ein akustisches Signal wechselt der Innen- oder Außenkreis um zwei Positionen in eine Richtung und das Spiel beginnt wieder. Es sollten mehrere Durchgänge durchgeführt werden, damit sich die Schüler mit möglichst vielen unterschiedlichen Meinungen konfrontiert sehen.
Wenn die Klassenzahl ungerade ist, wird eine Position als Wechselmarke definiert und immer ein Schüler setzt einen Durchgang aus.

© pb-Verlag Puchheim Schlüsselqualifikationen trainieren

Name:

Aufgaben:
Du hast einen Text erhalten, der dir Tipps zum richtigen Führen von Gehaltsverhandlungen gibt. Sicher hast du dazu auch eine Meinung. In nachfolgender Übung sollst du mit wechselnden Partnern über dieses Thema diskutieren.
❶ Überlege dir drei persönliche Statements zum Text und schreibe diese auf.
❷ Begib dich dann in einen der beiden Stuhlkreise.

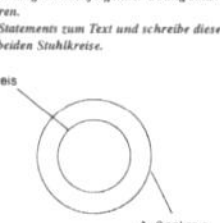

❸ Auf ein Signal hin beginnt der Schüler des Innenkreises seinem Gegenüber die persönlichen Statements vorzutragen. Danach macht es der Schüler des Außenkreises ebenso.
❹ Versuche nun in einer Diskussion, deinen Gegenüber von der Richtigkeit deiner Meinung zu überzeugen.

Wichtig: Argumentiere fair, lasse den anderen ausreden, halte dich an die Gesprächsregeln.

❺ Bist du und dein Gegenüber gleicher oder ähnlicher Meinung, dann führe mit ihm ein Gespräch über das Thema.
❻ Beim Signal wechselt der Innenkreis um zwei Positionen im Uhrzeigersinn.
❼ Die neuen Paarungen beginnen wieder mit der Vorstellung ihrer Statements. Der Außenkreis beginnt.

© pb-Verlag Puchheim Schlüsselqualifikationen trainieren

Infos verarbeiten: Clustering, Fragelandschaft, Galeriebetrieb, Arbeitsblatt erstellen, Mindmapping, Kreuzworträtsel

Im Team arbeiten: Rätsel entwickeln, Zielfindungsmethode, Gruppenpuzzle, Frage-Antwort-Memory, Stamm-Expertengruppen-Gespräch, Jeopardy

Meinungen äußern: Thesenpapier erstellen, Schreibgespräch, Argumentieren im Innen-, Außenkreis, Argumentationsmodelle, Stehzirkel und Aquarium, Gesprächszirkel-Offene Rollenspiele, Argumentationsolympiade, Stimmungsbarometer und anschließendes Aquarium

Zusammenfassen und präsentieren: Vortragskarussell, „STEX": Stamm- und Expertengruppen, Referattraining, Interview, Aussagen-Puzzle, Karussell-Gespräch, Freies Reden, Stegreifreden

Schlüsselqualifikationen trainiern 7.-10.
Nr. 540 136 Seiten **€ 20,90**

Inhaltsverzeichnis

Wo man überall Inhalte wiedergeben kann

D	Name: ______________________	Datum: ______________________	

Die einfache (referierende) Inhaltsangabe

Eine Inhaltsangabe oder Zusammenfassung ist eine Übersicht über den wesentlichen Inhalt eines Textes, Filmes oder Ereignisses. Im Gegensatz zu einem Resümee bzw. Fazit oder einem Review enthalten Inhaltsangaben keine Interpretationen und Bewertungen. Im Gegensatz zu Nacherzählungen dürfen Inhaltsangaben keine Spannungsbögen enthalten und werden in der Regel in der Gegenwart (Präsens, bei Vorzeitigkeit im Perfekt) abgefasst.
Da Inhaltsangaben in der Regel wesentlich kürzer als der Originaltext sein sollen, müssen sie zwangsläufig Teile des Inhalts auslassen. Bei einem Buch, einer Dissertation oder Ähnlichem hat die Inhaltsangabe meist eine halbe bis eine Seite Umfang.

① Gliederung

Eine Inhaltsangabe ist in Aussagekern (Basissatz) und Hauptteil (Inhaltswiedergabe) gegliedert. In der Einleitung wird Titel, Autor, Textart, Textquelle, Ort, Zeit und Hauptpersonen der Handlung genannt. Dann wird in einem zusammenfassenden Satz der Inhalt des Textes geschildert. Im Hauptteil wird das Wichtigste der Handlung in zeitlich korrekter Reihenfolge angegeben. Ein Schlussgedanke ist nicht verlangt, er ist freiwillig. Nur dort darf die eigene Meinung zum Text geäußert werden.

② Ausführung

❶ Intensives Lesen des Textes (1. Lesen)
Inhalt und Thema des Textes kennenlernen, Erstleseeindrücke
❷ Text inhaltlich erfassen (2. Lesen)
Herstellung eines vollen Textverständnisses, Informationen für den Aussagekern erfassen durch W-Fragen, Markieren und Hervorheben von Textstellen
❸ Sinnabschnitte/inhaltliche Gliederung des Textes erfassen
Inhaltlichen Aufbau des Textes erkennen, Text in Sinnabschnitte gliedern, Textgliederung erstellen
❹ Sinnabschnitte in eigenständiger Formulierung zusammenfassen
Schwierigere Textpassagen inhaltlich korrekt und sprachlich angemessen und eigenständig wiedergeben
❺ Abfassung der Inhaltsangabe (zwei Drittel der vorgegebenen Zeit) einschließlich des Aussagekerns. Ein Drittel der vorgegebenen Gesamtzeit sollte für das Texterfassen eingeplant werden.

③ Wichtige Regeln

1. Du baust deine Inhaltsangabe ***übersichtlich*** auf.
2. Du schreibst im ***Präsens*** bzw. ***bei Vorzeitigkeit im Perfekt***, damit die jeweilige Geschichte vergegenwärtigt wird.
3. Du konzentrierst dich auf ***das zum Verständnis Notwendige***, nicht auf Einzelheiten.
4. Du sollst ***Zitate aus dem Text vermeiden***.
5. Du darfst ***keine direkte Rede*** verwenden. Die indirekte Rede sollst du nur dann einsetzen, wenn es sich vom Textverständnis her nicht vermeiden lässt.
6. Du verwendest eine ***sachliche*** und ***nüchterne Sprache***.
7. Du achtest darauf, dass deine Inhaltsangabe ***logisch gegliedert*** ist, ***chronologisch verläuft*** und für den Leser ***nachvollziehbar*** und ***inhaltsgetreu*** ist.
8. Du musst ***Wichtiges von Unwichtigem im Text unterscheiden*** können.
9. Du darfst keine ***Beurteilungen abgeben***, denn sie gehören nur in den Schlussgedanken.
10. Du sollst ***Wiederholungen*** aller Art vermeiden. Versuche ***abwechslungsreich*** zu schreiben.

Fragezeichen und ***Ausrufezeichen*** gehören zu den sprachlich-stilistischen Gestaltungsmitteln des Ausgangstextes und haben in der Inhaltsangabe nichts zu suchen.
Es ein paar Hilfsmittel und Methoden, die dir helfen können, zu einem inhaltlich vollständigen Textverständnis zu gelangen. Das sind z. B. die W-Fragen, das Herausfinden und Analysieren der Kernbegriffe, das Mind Mapping, das Clustering und bestimmte Lesestrategien.

D	Name: ______________________________	Datum: ______________________

Inhaltsangabe
Die Aussageliste

Um den Inhalt eines Textes zu erfassen, kann man auch eine Aussagenliste erstellen. Dabei werden die Aussagen eines Textes in Form von Sätzen aufgeschrieben. Sie fungiert dann als Vorarbeit für schulische Schreibformen zur Textwiedergabe. Bei dieser Form der inhaltlichen Erfassung von Texten werden alle wichtigen Aussagen eines Textes in Form von Sätzen untereinander aufgelistet. Dabei werden im Allgemeinen ganze Sätze formuliert. Es empfiehlt sich bei dieser Form der inhaltlichen Erfassung des Textes, seine eigenen Sätze zwar nahe am Text, aber nicht unter Verwendung des Satzbaus der Vorlage zu formulieren.

Formen der Aussagenliste

Grundsätzlich lassen sich zwei verschiedene Formen der Aussagenliste unterscheiden.

❶ Die **einfache Aussagenliste** wird am Text entlang mit einer schrittweisen Bearbeitungsstrategie erstellt.

❷ Die **strukturierende Aussagenliste** ordnet die Aussagen eines Textes zumindest zum Teil neu und wird mit einer textstrukturierenden Bearbeitungsstrategie erstellt.

Arbeitsschritte

Wer den Inhalt eines Textes mit einer Aussagenliste erfassen will, sollte folgende Arbeitsschritte beachten:

❶ Erstes Lesen des Textes

❷ Beim zweiten Lesen werden die wichtigsten Aussagen am Rand markiert.

❸ Auflisten der wichtigsten Aussagen nacheinander und untereinander

❹ Hinzufügen von Notizen als Ergänzungen zu den Aussagen

Beispiel: Hoimar von Ditfurth: Die mörderische Konsequenz des Mitleids (Auszug)

Auch heute werden wieder 40000 Kinder sterben – alle zwei Sekunden eines. Als kleine Skelette mit faltig-alten Gesichtern werden sie irgendwann im Laufe dieses Tages aufhören zu leben. Alle 24 Stunden entsteht so, verteilt über die Länder der sogenannten Dritten Welt, ein Berg von 40000 verschrumpelten Kinderleichen. Furchtbar? Viel schlimmer: Wenn diese Kinder nicht stürben, wenn sie nicht in den Armen ihrer Mütter verhungerten, die selbst nicht mehr die Kraft haben, ihrer Trauer Ausdruck zu verleihen, wenn sie etwa überlebten und gar erwachsen würden, um selbst Kinder zu haben, dann wäre die Katastrophe noch weitaus größer. Es mag zynisch klingen, dass ihr vieltausendfacher lautloser Tod die Erde vor einer Situation bewahrt, die alles heutige Sterben bei weitem überträfe. Nur, es ist die logische Konsequenz aus der irrationalen Ungleichung, dem Geburtenüberschuss aus der Dritten Welt durch Geburtenkontrolle nicht vorzubeugen aus der heuchlerischen Achtung vor dem Leben, das – erst einmal geboren – am Leben nicht erhalten werden kann.

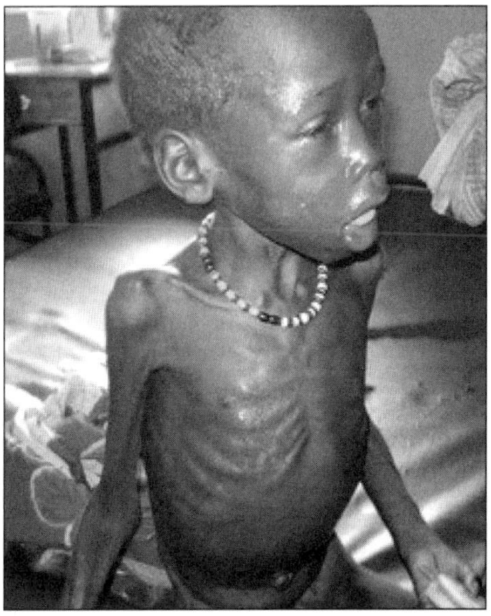

Der Text oben enthält die folgenden wesentlichen Aussagen:

① ____

____.

② ____.

③ ____

____.

④ ____

____.

⑤ ____

____.

D	Name: ______________________________	Datum: ______________________	

Inhaltsangabe
Die Aussageliste

Um den Inhalt eines Textes zu erfassen, kann man auch eine Aussagenliste erstellen. Dabei werden die Aussagen eines Textes in Form von Sätzen aufgeschrieben. Sie fungiert dann als Vorarbeit für schulische Schreibformen zur Textwiedergabe. Bei dieser Form der inhaltlichen Erfassung von Texten werden alle wichtigen Aussagen eines Textes in Form von Sätzen untereinander aufgelistet. Dabei werden im Allgemeinen ganze Sätze formuliert. Es empfiehlt sich bei dieser Form der inhaltlichen Erfassung des Textes, seine eigenen Sätze zwar nahe am Text, aber nicht unter Verwendung des Satzbaus der Vorlage zu formulieren.

Formen der Aussagenliste

Grundsätzlich lassen sich zwei verschiedene Formen der Aussagenliste unterscheiden.

❶ Die **einfache Aussagenliste** wird am Text entlang mit einer schrittweisen Bearbeitungsstrategie erstellt.

❷ Die **strukturierende Aussagenliste** ordnet die Aussagen eines Textes zumindest zum Teil neu und wird mit einer textstrukturierenden Bearbeitungsstrategie erstellt.

Arbeitsschritte

Wer den Inhalt eines Textes mit einer Aussagenliste erfassen will, sollte folgende Arbeitsschritte beachten:

❶ Erstes Lesen des Textes
❷ Beim zweiten Lesen werden die wichtigsten Aussagen am Rand markiert.
❸ Auflisten der wichtigsten Aussagen nacheinander und untereinander
❹ Hinzufügen von Notizen als Ergänzungen zu den Aussagen

Beispiel: Hoimar von Ditfurth: Die mörderische Konsequenz des Mitleids (Auszug)

Auch heute werden wieder 40000 Kinder sterben – alle zwei Sekunden eines. Als kleine Skelette mit faltig-alten Gesichtern werden sie irgendwann im Laufe dieses Tages aufhören zu leben. Alle 24 Stunden entsteht so, verteilt über die Länder der sogenannten Dritten Welt, ein Berg von 40000 verschrumpelten Kinderleichen. Furchtbar? Viel schlimmer: Wenn diese Kinder nicht stürben, wenn sie nicht in den Armen ihrer Mütter verhungerten, die selbst nicht mehr die Kraft haben, ihrer Trauer Ausdruck zu verleihen, wenn sie etwa überlebten und gar erwachsen würden, um selbst Kinder zu haben, dann wäre die Katastrophe noch weitaus größer. Es mag zynisch klingen, dass ihr vieltausendfacher lautloser Tod die Erde vor einer Situation bewahrt, die alles heutige Sterben bei weitem überträfe. Nur, es ist die logische Konsequenz aus der irrationalen Ungleichung, dem Geburtenüberschuss aus der Dritten Welt durch Geburtenkontrolle nicht vorzubeugen aus der heuchlerischen Achtung vor dem Leben, das – erst einmal geboren – am Leben nicht erhalten werden kann.

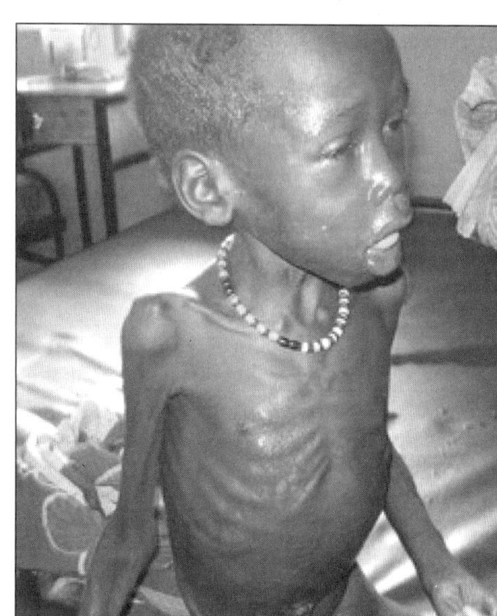

Der Text oben enthält die folgenden wesentlichen Aussagen:

① **Täglich sterben 40000 Kinder in der Dritten Welt.** ______________________.

② **Diese Kinder verhungern.**

③ **Wenn sie überleben würden, käme es zu einer noch größeren Katastrophe.**

④ **Dem Geburtenüberschuss in der Dritten Welt wird nicht durch Geburtenkontrolle vorgebeugt.**

⑤ **Grund dafür ist eine heuchlerische Achtung vor dem Leben.**

D	Name: ______________________	Datum: ________________	

Inhaltsangabe
Der Basissatz

Im Basissatz der Überblicksinformation werden bei der Inhaltsangabe nach Möglichkeit die folgenden Fragen beantwortet:

❶ ________ hat den Text verfasst?

❷ ________ lautet der Titel des Textes?

❸ ________ und ______ ist der Text erschienen?

❹ ______________ für eine Textart/Textsorte handelt es sich?

❺ ________ ist das Thema des Textes?

❻ ________ ist der Inhalt in kürzester Fassung?

Nicht immer können auf der Basis der vorliegenden Informationen alle diese Fragen beantwortet werden. So gibt es Texte, die ***keinen persönlichen Verfasser*** ausweisen. In einem solchen Fall wird dies aber im Basissatz ausgeführt. Dazu eignen sich Formulierungen wie diese: In dem von einem unbekannten Autor verfassten Text geht es um ...
Es gibt aber auch Texte, die ***keinen Titel*** tragen. Dies muss ebenfalls vermerkt werden. Handelt es sich bei einem Text um einen Auszug aus einem größeren Ganzen, dann muss dies ebenfalls notiert werden.
Zuletzt gibt es Texte, die ***keine oder nur sehr ungenaue Angaben über den Erscheinungsort und das Erscheinungsdatum*** enthalten. Ist dies der Fall, insbesondere beim Datum, muss es auf jeden Fall erwähnt werden, denn dadurch ist die Einordnung eines Textes natürlich außerordentlich erschwert. Normalerweise findet man derartige bibliographische Angaben am Beginn oder am Ende des Textes.

Basissatz = zwei Sätze

Im ersten Satz bringt man die Angaben zur ***Textsorte***, den ***Titel***, den ***Namen des Verfassers***, ***Erscheinungsort***, ***Erscheinungsdatum*** des Textes und die ***Bezeichnung des Themas*** unter. Im zweiten Satz widmet man sich dann ganz knapp dem ***Inhalt***.

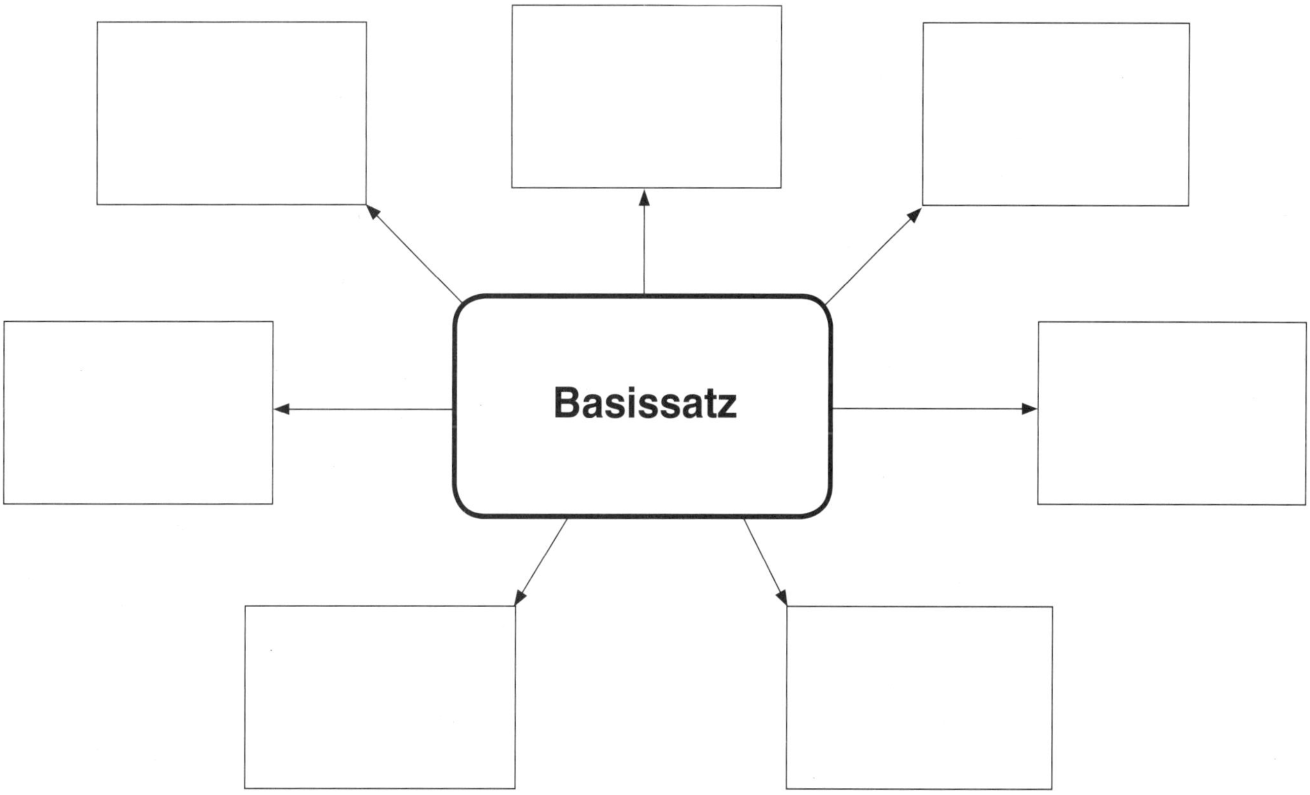

D	Name: ______________________________	Datum: ______________________	

Inhaltsangabe
Der Basissatz

Im Basissatz der Überblicksinformation werden bei der Inhaltsangabe nach Möglichkeit die folgenden Fragen beantwortet:

❶ __Wer__ hat den Text verfasst?

❷ __Wie__ lautet der Titel des Textes?

❸ __Wann__ und __wo__ ist der Text erschienen?

❹ __Um was__ für eine Textart/Textsorte handelt es sich?

❺ __Was__ ist das Thema des Textes?

❻ __Was__ ist der Inhalt in kürzester Fassung?

Nicht immer können auf der Basis der vorliegenden Informationen alle diese Fragen beantwortet werden. So gibt es Texte, die ***keinen persönlichen Verfasser*** ausweisen. In einem solchen Fall wird dies aber im Basissatz ausgeführt. Dazu eignen sich Formulierungen wie diese: In dem von einem unbekannten Autor verfassten Text geht es um ...

Es gibt aber auch Texte, die ***keinen Titel*** tragen. Dies muss ebenfalls vermerkt werden. Handelt es sich bei einem Text um einen Auszug aus einem größeren Ganzen, dann muss dies ebenfalls notiert werden.

Zuletzt gibt es Texte, die ***keine oder nur sehr ungenaue Angaben über den Erscheinungsort und das Erscheinungsdatum*** enthalten. Ist dies der Fall, insbesondere beim Datum, muss es auf jeden Fall erwähnt werden, denn dadurch ist die Einordnung eines Textes natürlich außerordentlich erschwert. Normalerweise findet man derartige bibliographische Angaben am Beginn oder am Ende des Textes.

Basissatz = zwei Sätze

Im ersten Satz bringt man die Angaben zur ***Textsorte***, den ***Titel***, den ***Namen des Verfassers***, ***Erscheinungsort***, ***Erscheinungsdatum*** des Textes und die ***Bezeichnung des Themas*** unter. Im zweiten Satz widmet man sich dann ganz knapp dem ***Inhalt***.

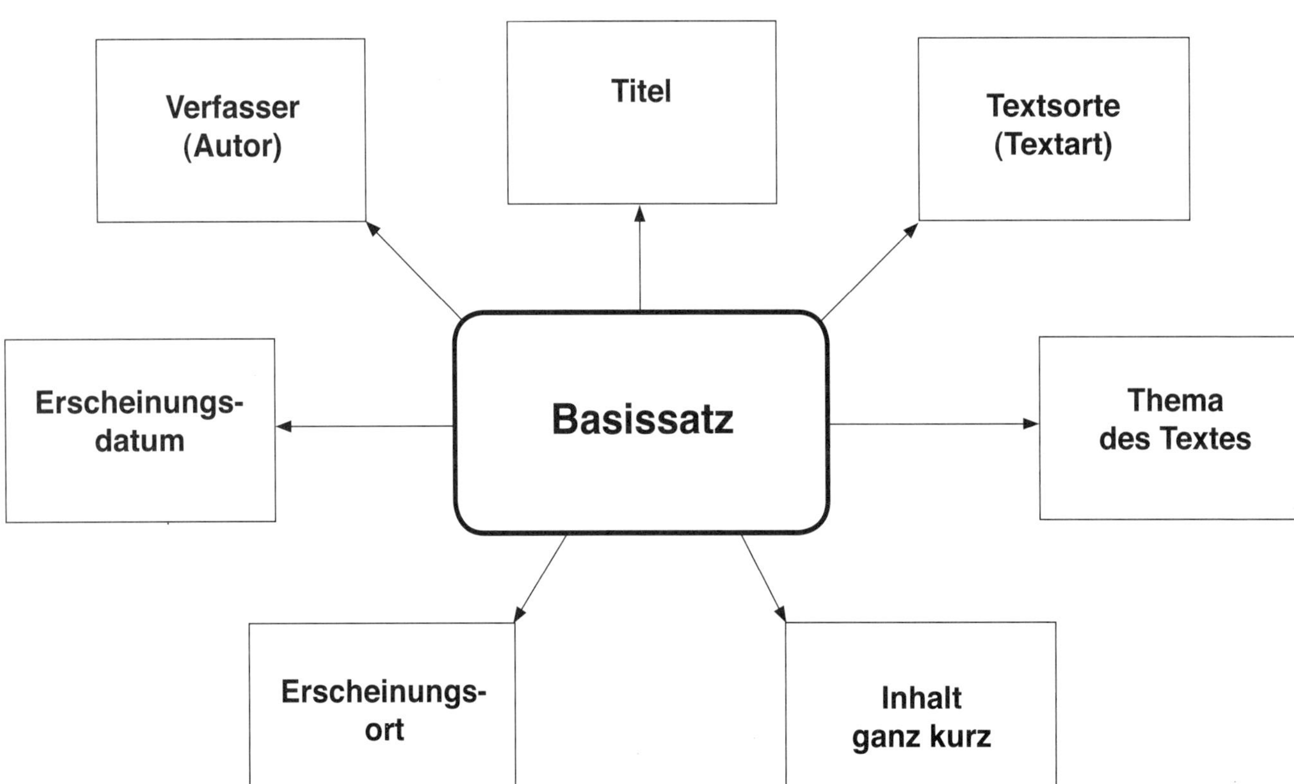

D	Name: ______________________	Datum: __________________

Merkblatt: Die einfache Inhaltsangabe

Die Inhaltsangabe will in kurzer, prägnanter Form über den Inhalt eines Textes informieren. Deshalb muss sachlich und knapp geschrieben werden, denn der Leser will nur wissen, was im Text geschieht.

❶ Inhalt:

Die Inhaltsangabe besteht nur aus zwei Teilen.

① **Aussagekern (Basissatz)**

Hier sollten folgende Aspekte enthalten sein:

- Was? ➪ ____________________ (z. B. Kurzgeschichte, Roman) mit ______________ des Textes
- Wer? ➪ ____________________ (Autor)
- Wann? ➪ __________________ der Entstehung (sofern angegeben)
- Worum geht es? ➪ ________________ des Textes mit ________, _____________ und Personen

② **Inhaltswiedergabe (Hauptteil)**

Hier erfolgt die Zusammenfassung der Handlung, wobei zwei Aspekte erkennbar sein müssen:

- der ___________________ Verlauf des Geschehens
- die ____________________ und die ____________________ des Geschehens

❷ Sprache:

① Die Zeitstufe der Inhaltsangabe ist das _______________ (______________________). Das, was vor einer bestimmten Handlung geschehen ist, steht im ________________ (__________________-________________).

② Die Sprache sollte ______________ und _________________ sein.

③ Soweit es möglich ist, sollte man ________________ Worte verwenden, sich also von der Textvorlage lösen können. Zitate sind mit __________________________ zu versehen.

④ Wichtige Aussagen von Personen werden in der _______________ Rede wiedergegeben.

⑤ Elemente der Erlebniserzählung wie die ________________ Rede nicht verwenden.

⑥ Wenn möglich, sollte man sogenannte „_____________________“ (z. B. „plötzlich“) vermeiden.

⑦ Stilistisch gut sind Satzgefüge mit ____________________, die gedankliche Bezüge herstellen.

❸ Planungsschritte:

① Erstes Durchlesen (➪ grober Überblick), zweites Durchlesen (➪ Einzelheiten, Personen u. a.)

② Den ____________ des Textes erfassen (➪ in Sinnabschnitte ________________ ➪ wichtige Stellen _____________________ ➪ in knappen Worten formulieren, __________ es geht)

③ ________________ der Handlungschritte nach der logischen Abfolge (Grund und Folge)

④ Formulieren des ______________________________

⑤ Ausarbeiten des ______________ in sauberer, leserlicher Form (u. U. zuerst aufsetzen)

⑥ Genaues ________________ mit Überprüfung nach ____________________________.

D	Name: ____________________	Datum: ____________________	

Merkblatt: Die einfache Inhaltsangabe

Die Inhaltsangabe will in kurzer, prägnanter Form über den Inhalt eines Textes informieren. Deshalb muss sachlich und knapp geschrieben werden, denn der Leser will nur wissen, was im Text geschieht.

❶ Inhalt:

Die Inhaltsangabe besteht nur aus zwei Teilen.

① **Aussagekern (Basissatz)**

Hier sollten folgende Aspekte enthalten sein:

- Was? ➪ **Textsorte** (z. B. Kurzgeschichte, Roman) mit **Titel** des Textes
- Wer? ➪ **Verfasser** (Autor)
- Wann? ➪ **Datum** der Entstehung (sofern angegeben)
- Worum geht es? ➪ **Thema** des Textes mit **Ort**, **Zeit** und Personen

② **Inhaltswiedergabe (Hauptteil)**

Hier erfolgt die Zusammenfassung der Handlung, wobei zwei Aspekte erkennbar sein müssen:

- der **zeitliche** Verlauf des Geschehens
- die **Ursachen** und die **Folgen** des Geschehens

❷ Sprache:

① Die Zeitstufe der Inhaltsangabe ist das **Präsens** (**Gegenwart**). Das, was vor einer bestimmten Handlung geschehen ist, steht im **Perfekt** (**2. Vergangenheit**).

② Die Sprache sollte **knapp** und **sachlich** sein.

③ Soweit es möglich ist, sollte man **eigene** Worte verwenden, sich also von der Textvorlage lösen können. Zitate sind mit **Anführungszeichen** zu versehen.

④ Wichtige Aussagen von Personen werden in der **indirekten** Rede wiedergegeben.

⑤ Elemente der Erlebniserzählung wie die **wörtliche** Rede nicht verwenden.

⑥ Wenn möglich, sollte man sogenannte „**Spannungswörter**" (z. B. „plötzlich") vermeiden.

⑦ Stilistisch gut sind Satzgefüge mit **Konjunktionen**, die gedankliche Bezüge herstellen.

❸ Planungsschritte:

① Erstes Durchlesen (➪ grober Überblick), zweites Durchlesen (➪ Einzelheiten, Personen u. a.)

② Den **Sinn** des Textes erfassen (➪ in Sinnabschnitte **gliedern** ➪ wichtige Stellen **unterstreichen** ➪ in knappen Worten formulieren, **worum** es geht)

③ **Ordnen** der Handlungschritte nach der logischen Abfolge (Grund und Folge)

④ Formulieren des **Basissatzes**

⑤ Ausarbeiten des **Hauptteils** in sauberer, leserlicher Form (u. U. zuerst aufsetzen)

⑥ Genaues **Durchlesen** mit Überprüfung nach **Rechtschreibfehlern**.

D	Name: ______________________	Datum: ______________

Die strukturierte Textwiedergabe

① Merkpunkte

- den ________________ eines Textes genau erfassen
- den Inhalt auf das ______________________ reduzieren
- den _______________ des Textes erfassen und beschreiben
- den Gedankengang des __________________ nachvollziehen
- die Entfaltung des Themas mit ihren ______________ beschreiben
- den Inhalt mit verschiedenen sprachlichen Mitteln und sprachlich ___________________ wiedergeben.

② Arbeitstechniken

Die strukturierte Textwiedergabe besteht aus zwei Teilen:

❶ In der **Überblicksinformation** erhält der Leser eine Reihe von wichtigen Kurzinformationen über den Autor, den Text und seine Entstehungsumstände und Entstehungsbedingungen.
Sie enthält, sofern möglich, folgende Gesichtspunkte:

- Basissatz (Autor, Titel, Textart, Kurzinhalt, Thema, Kernaussage)
- Informationen über den Verfasser/die Verfasserin (z. B. Beruf/gesellschaftlicher Status, geistige/politische/weltanschauliche Orientierungen und Haltungen soweit für Textverständnis nötig bzw. wünschenswert)
- konkreter Schreibanlass für die Abfassung des Textes
- Zeitumstände der Textentstehung
- Adressat(enkreis)

❷ Bei der **Textwiedergabe** wird der Inhalt unter Beschreibung des Textaufbaus und des Gedankenganges wiedergegeben.

③ Arbeitsschritte

❶ ***Intensives Lesen*** des Textes (1. Lesen)

____

❷ ***Inhaltliches Erfassen*** des Textes (2. Lesen)

____

____

❸ ***Abschnittweises Erfassen*** des Textinhaltes

____

❹ Erstellen einer ***Aussagenliste***

❺ Untersuchung der ***Entfaltung des Themas***

____

____

❻ Erkennen des ***Gedankenganges***/der ***Argumentationsstrukturen***

____

____

❼ Abfassen der ***Überblicksinformation***

❽ Anfertigung der ***Gliederung*** für die Niederschrift

❾ Abfassen der ***Niederschrift***

D	Name: ______________________	Datum: ______________

Die strukturierte Textwiedergabe

① Merkpunkte

· den **Inhalt** eines Textes genau erfassen

· den Inhalt auf das **Wesentliche** reduzieren

· den **Aufbau** des Textes erfassen und beschreiben

· den Gedankengang des **Verfassers** nachvollziehen

· die Entfaltung des Themas mit ihren **Strukturen** beschreiben

· den Inhalt mit verschiedenen sprachlichen Mitteln und sprachlich **eigenständig** wiedergeben.

② Arbeitstechniken

Die strukturierte Textwiedergabe besteht aus zwei Teilen:

❶ In der **Überblicksinformation** erhält der Leser eine Reihe von wichtigen Kurzinformationen über den Autor, den Text und seine Entstehungsumstände und Entstehungsbedingungen.

Sie enthält, sofern möglich, folgende Gesichtspunkte:

• Basissatz (Autor, Titel, Textart, Kurzinhalt, Thema, Kernaussage)
• Informationen über den Verfasser/die Verfasserin (z. B. Beruf/gesellschaftlicher Status, geistige/politische/weltanschauliche Orientierungen und Haltungen soweit für Textverständnis nötig bzw. wünschenswert)
• konkreter Schreibanlass für die Abfassung des Textes
• Zeitumstände der Textentstehung
• Adressat(enkreis)

❷ Bei der **Textwiedergabe** wird der Inhalt unter Beschreibung des Textaufbaus und des Gedankenganges wiedergegeben.

Strukturierte Textwiedergabe

Basissatz
Information über den Autor/-in
Historisch-gesellschaftlicher Hintergrund

Inhaltswiedergabe

Beschreibung des Textaufbaus

Erfassen der Verfasserintention

Analyse der Aussagen mit ihren Strukturen

Abgabe einer Wertung

③ Arbeitsschritte

❶ ***Intensives Lesen*** des Textes (1. Lesen)
Festhalten von Erstleseeindrücken

❷ ***Inhaltliches Erfassen*** des Textes (2. Lesen)
Stellen von W-Fragen, Markieren und Hervorheben von wichtigen Textstellen

❸ ***Abschnittweises Erfassen*** des Textinhaltes
Gliederung in Sinnabschnitte, Finden von Überschriften

❹ Erstellen einer ***Aussagenliste***

❺ Untersuchung der ***Entfaltung des Themas***
Erfassen von Abschnitten mit überwiegend beschreibendem, berichtendem, erzählendem und argumentativem Charakter

❻ Erkennen des ***Gedankenganges***/der ***Argumentationsstrukturen***
Herausarbeiten des argumentativen Bezugs der Aussagen; Erkennen der Thesen (Argumente)

❼ Abfassen der ***Überblicksinformation***

❽ Anfertigung der ***Gliederung*** für die Niederschrift

❾ Abfassen der ***Niederschrift***

D	Name: ______________________	Datum: ______________________

Thema:

Bewertungsblatt: Die einfache Inhaltsangabe

I. Inhaltlicher Aspekt:

❶ Aussagekern (Basissatz):

- In deinem Basissatz sind Textart, Titel, Autor, die Thematik mit Ort und Zeit und der Kurzinhalt aufgeführt. Der Umfang ist angemessen. (6) _____ P.

Dein Aussagekern weist folgende Mängel auf:

O *Er ist zu lang.*
O *Er nimmt Informationen vorweg, die zum Hauptteil gehören.*
O *Er ist zu kurz.*
O *Es fehlen Basisinformationen.*

❷ Inhaltswiedergabe:

- Du hast den Inhalt ohne sachliche Fehler richtig erfasst. (2) _____ P.
- Du hast das Wesentliche knapp dargestellt und Unwichtiges weggelassen. (5) _____ P.
- Du hast dich von der Vorlage gelöst und eigene Formulierungen verwendet. (5) _____ P.
- Du hast keine persönlichen Wertungen vorgenommen. (2) _____ P.

Mängel: Deine Inhaltswiedergabe ist nicht ganz richtig, weil du

O *sachliche Fehler gemacht hast. (S)*
O *Wesentliches weggelassen hast.*
O *Nebensächliches in den Vordergrund gestellt hast.*
O *dich zu eng an die Vorlage angelehnt hast.*
O *persönliche Wertungen vorgenommen hast.*

II. Sprachlicher Aspekt:

❶ Du schreibst durchgehend knapp und in der richtigen Zeitstufe, im Präsens. (2) _____ P.
❷ Dein Satzbau einschließlich verwendeter Konjunktionen ist anspruchsvoll. (2) _____ P.
❸ Du vermeidest gedankliche Sprünge. (1) _____ P.
❹ Du vermeidest Wiederholungen. (1) _____ P.
❺ Du verwendest treffende Wörter, keine Erlebniserzählelemente. (1) _____ P.
❻ Deine Satzanfänge sind passend und überlegt gewählt. (1) _____ P.
❼ Du bist im grammatikalischen Bereich ziemlich sicher. (1) _____ P.
❽ Du bist rechtschreibsicher. (1) _____ P.

Deine Inhaltsangabe hat folgende sprachlichen Mängel:

O *falsche Zeitstufe (Z)*	O *oft*	O *manchmal*
O *Erlebniserzählelemente (E)*	O *häufig*	O *manchmal*
O *„Bandwurmsätze" (G)*	O *häufig*	O *manchmal*
O *„Allerweltswörter" (A)*	O *oft*	O *manchmal*
O *Wiederholungen (A)*	O *häufig*	O *manchmal*
O *grammatikalische Fehler (G)*	O *oft*	O *manchmal*
O *rechtschriftliche Probleme (R)*	O *häufig*	O *manchmal*

Erreichte Punktzahl:

_____ von 30 P.

Hinweise: Bei durchgehend falscher Zeitstufe sollte mindestens eine Notenstufe in Abzug gebracht werden. Bei unveränderter Übernahme der Vorlage in wesentlichen Teilen sollte die Arbeit mit der Note 6 bewertet werden.

Note:

✌ 30 - 27 = 1; ☺ 26,5 - 22,5 = 2; ☺ 22 - 18 = 3; 😐 17,5 - 12 = 4; ☹ 11,5 - 6 = 5; 💣 5,5 - 0 = 6

Der Sprung
(Leo Tolstoj)

Ein Schiff kehrte von der Weltumsegelung zurück. Es herrschte stilles Wetter und alles war an Deck. Bei den Mannschaften trieb sich ein großer Affe herum, an dem alle ihren Spaß hatten. Er machte drollige Faxen und Sprünge, schnitt komische Grimassen und äffte die Menschen nach. Man sah ihm an, dass er wusste, welchen Spaß er den Menschen bereitete, und wurde deshalb noch ausgelassener.

Plötzlich sprang er auf den zwölfjährigen Sohn des Kapitäns zu, riss ihm die Mütze herunter, setzte sie sich auf den Kopf und kletterte flink den Mast hinauf. Alle lachten, nur der Junge wusste nicht, ob er weinen oder lachen sollte. Der Affe setzte sich auf den ersten Querbalken des Mastes, nahm die Mütze ab und machte sich daran, sie mit den Zähnen zu zerreißen. Es war, als necke er den Knaben. Er zeigte mit den Fingern auf ihn und schnitt dabei drollige Fratzen. Der Knabe drohte ihm mit der Faust, doch der Affe zerrte noch wütender an der Mütze. Die Matrosen lachten noch lauter, der Knabe wurde rot, warf seine Jacke ab und stürzte dem Affen auf den Mast nach. In wenigen Sekunden hatte er die erste Rahe* erklommen. In dem Augenblick aber, als er schon glaubte, die Mütze fassen zu können, war der Affe flinker und kletterte noch höher hinauf. „Du entgehst mir nicht!", rief der Knabe und kletterte noch höher. Der Affe lockte ihn wieder zu sich und kletterte höher. Den Knaben hatte der Zorn gepackt und er blieb ihm auf den Fersen. So erreichten die beiden in kürzester Zeit die Spitze des Mastes.

Ganz oben streckte sich der Affe in seiner ganzen Länge aus, hielt sich mit der Hinterpfote an einem Tau fest und hängte die Mütze ans Ende der letzten Rahe. Er selbst erklomm die Mastspitze, schnitt dort Grimassen, fletschte die Zähne und freute sich. Die Entfernung vom Mast bis zum Ende der Rahe betrug etwa eindreiviertel Meter, sodass man die Mütze nicht erreichen konnte, ohne den Mast und das Tau loszulassen.

Die Leute an Deck hatten bisher zugeschaut und über den Affen und den Sohn des Kapitäns gelacht. Als sie aber sahen, dass der Knabe auch das Tau losließ und mit ausgebreiteten Armen auf der Rahe balancierte, erstarrten sie vor Schreck. Er brauchte nur einen Fehltritt zu tun, um abzustürzen und an Deck zerschmettert liegen zu bleiben. Aber selbst wenn es ihm gelingen würde, bis zum Ende der Rahe zu kommen und die Mütze zu ergreifen, so würde es ihm schwer fallen, umzukehren und zum Mast zurückzugelangen.

Alle starrten stumm hinauf und warteten. Plötzlich stieß jemand einen Schreckensschrei aus. Der Knabe kam durch diesen Schrei zu sich, blickte hinunter und wankte. In diesem Augenblick trat der Kapitän aus der Kajüte. Er hatte ein Gewehr in der Hand, um Möwen zu schießen. Er erblickte seinen Sohn auf dem Mast. Er sah nur eine Möglichkeit, ihn zu retten: ein Sprung ins Wasser. Er hob das Gewehr, zielte auf den Knaben und rief: „Ins Wasser! Springe sofort ins Wasser! Sonst erschieße ich dich!" Der Knabe wankte, verstand ihn aber nicht. „Spring oder ich schieße! Eins…zwei… ."
Als der Vater „drei" gerufen hatte, sprang der Knabe von der Rahe kopfüber ins Wasser.

Die Wellen waren noch nicht über ihm zusammengeschlagen, als auch schon zwanzig Matrosen ins Meer gesprungen waren. Etwa vierzig Sekunden später – sie erschienen allen unendlich lang – kam der Knabe zum Vorschein. Er wurde an Bord gezogen. Wenige Minuten später floss ihm das Wasser aus Mund und Nase und er begann zu atmen. Als der Kapitän das sah, schrie er plötzlich auf, als wenn ihn etwas würgte, und er stürzte in seine Kajüte, damit niemand sehen sollte, dass er weinte.

*Rahe: Querstange am Mast

D	Name: ______________________	Datum: ______________________	

Inhaltsangabe
Der Sprung (Leo Tolstoj)

Überschriften:

❶ ______________________

❷ ______________________

❸ ______________________

❹ ______________________

❺ ______________________

❻ ______________________

Basissatz:

Inhaltswiedergabe:

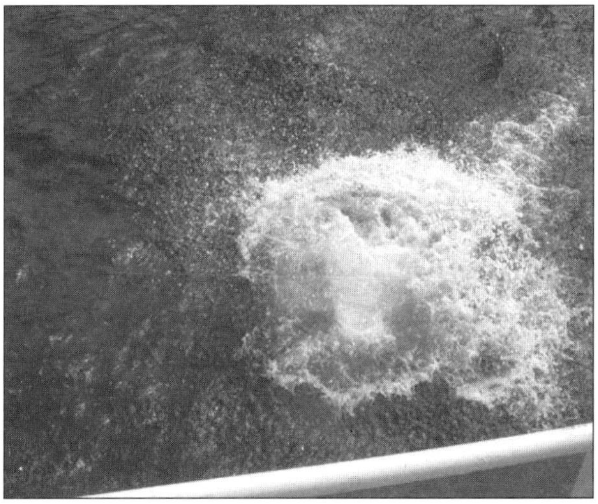

D Name: ______________________ Datum: ______________________

Inhaltsangabe
Der Sprung (Leo Tolstoj)

Überschriften:

1. Spaß mit einem Affen auf einem Segelschiff
2. Der Mützenraub
3. Kletterpartie bis zur Mastspitze
4. Ein gefährlicher Balanceakt
5. Der Sprung
6. Die Rettung

Basissatz:

Leo Tolstoj erzählt in seiner Kurzgeschichte „Der Sprung" von einem 12-jährigen Jungen – dem Sohn des Kapitäns –, der auf dem Schiff seines Vaters von einem Affen geneckt wird und dadurch in Lebensgefahr gerät. Die Zeit, in der diese Geschichte spielt, ist nicht näher angegeben.

Inhaltswiedergabe:

Nach einer Weltumseglung amüsiert sich die Mannschaft eines Segelschiffes mit einem Affen, der unter Grimassen dem Sohn des Kapitäns die Mütze entreißt. Der Junge ist hin- und hergerissen und weiß nicht, ob er das lustig finden oder ob er traurig sein soll. Der Affe klettert in Richtung Mastspitze. Auf dem Weg dorthin versucht er unter dem Gelächter der Matrosen, die Mütze mit den Zähnen zu zerbeißen. Dabei zeigt er ständig auf den Jungen. Dieser klettert wütend hinterher. Als der Affe den Jungen näherkommen sieht, hängt er dessen Mütze an das äußerste Ende der obersten Rahe und schwingt sich an die Spitze des Mastes. Um an seine Mütze zu gelangen, muss der Junge den Mast und das Tau loslassen. Er lässt los und balanciert auf der Rahe. Das Lachen der Mannschaft verstummt. Ein gellender Schrei ertönt. Der Knabe gerät ins Wanken. Der Kapitän stürzt aus seiner Kajüte, mit einem Gewehr in der Hand. Er ruft seinem Sohn zu, er solle sofort ins Wasser springen oder er würde ihn erschießen.

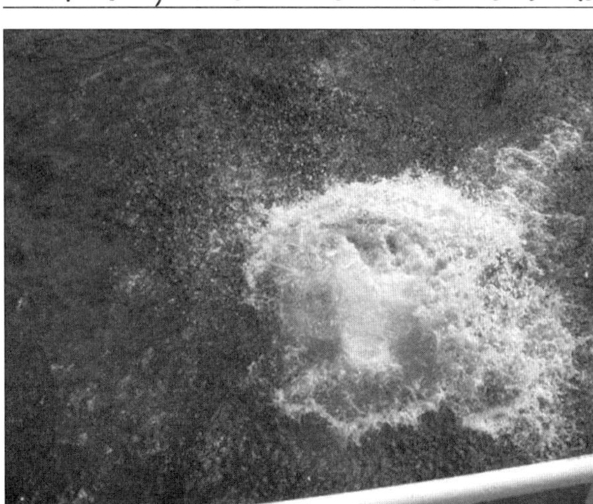

Als der Kapitän zum Schuss ansetzen will, springt der Junge. Er wird von den Matrosen aus dem Wasser gezogen. Der Knabe erlangt das Bewusstsein. Daraufhin eilt sein Vater in seine Kajüte zurück, um seinen Tränen freien Lauf lassen zu können. Er weiß, dass der Sprung ins Meer die einzige Möglichkeit gewesen ist, seinen Sohn vor dem sicheren Tod zu retten.

Melis Kavakli (M7)

D	Name: ______________________________	Datum: ____________________	

Inhaltsangabe
Der Sprung (Leo Tolstoj)

Aufsatz 1:

In der Kurzgeschichte „Der Sprung" schreibt der Autor Leo Tolstoj über einen Jungen, der durch einen blöden Scherz eines Affen von einem Schiffsmast fast in den Tod stürzt. Ort und genaue Zeit sind nicht bekannt.
Eines Tages kehrt ein Schiff von einer Weltumseglung zurück. Die Mannschaft hat ihren Spaß, denn sie hat einen großen Affen an Bord, der drollige Faxen und Sprünge macht. Doch der Affe übertreibt und nimmt dem zwölfjährigen Jungen, dem Sohn des Kapitäns, die Mütze weg. Er klettert den Mast hinauf und macht Grimassen. Als der Junge sieht, dass der Affe seine Mütze zerreißen will, klettert er dem Affen nach und bringt sich in Lebensgefahr. Der Affe hängt die Mütze an das Ende der letzten Rahe. Der Junge balanciert ohne Kontakt zum Tau auf der Holzstange, um seine Mütze zu holen. Da kommt der Kapitän aus seiner Kajüte und erblickt seinen Sohn. Er brüllt zu ihm hinauf, dass er ins Wasser springen soll oder er erschießt ihn. Der Junge springt von der Rahe ins Wasser und die Matrosen retten ihn. Der Vater aber ist so glücklich, dass er zurück in seine Kajüte geht und zu weinen anfängt.

Franziska Braun (M7)

Aufsatz 2:

In der Kurzgeschichte „Der Sprung" von Leo Tolstoj geht es um einen Jungen, der seine Mütze von einem Schiffsmast zurückholen will, die dort ein Affe befestigt hat. Die Geschichte spielt sich auf einem Segelschiff in irgendeinem Hafen ab. Die Zeit ist nicht bekannt.
Auf einem Schiff, das von einer Weltumseglung zurückgekehrt ist, unterhält ein großer Affe die Crew an Deck. Er holt sich vom Sohn des Kapitäns dessen Mütze und schwingt sich damit in Richtung Mastspitze. Der Junge klettert ihm hinterher, um seine Mütze zurückzuholen. Am Ende der letzten Querstange befestigt der Affe die Kappe und klettert dann auf die Spitze des Mastes. Dem Jungen ist es nicht gefahrlos möglich, von dort seine Mütze zu holen und zurückzubringen. Der Knabe versucht es dennoch und gerät ins Wanken. Nach einem Schreckensschrei der zuschauenden Mannschaft kommt der Kapitän mit seinem Gewehr, mit dem er Möwen zu schießen pflegt, aus der Kajüte gestürzt. Er sieht seinen Sohn da oben und droht, ihn zu erschießen, wenn er nicht sofort ins Meer springe. Im letzten Moment hüpft der Knabe ins Wasser und mehrere Matrosen hinterher, um ihn an Bord zu ziehen. Wenig später beginnt der Junge wieder zu atmen. Damit niemand sieht, dass er vor Erleichterung weint, verschwindet der Kapitän schnell in seiner Kajüte.

Michael Sailer (M7)

Arbeitsaufgabe:

Beurteile kurz die beiden Aufsätze oben.

Wer weiß?
(Guy de Maupassant)

Mein Gott! Mein Gott! Ich will also endlich zu Papier bringen, was mir widerfahren ist. Aber werde ich es können, werde ich es wagen? Es ist so seltsam, so unerklärlich, so unfasslich, so verrückt!
Wenn ich nicht dessen gewiss wäre, was ich gesehen habe, bestimmt wüsste, dass in meiner Gedankenkette kein Fehler ist, kein Irrtum in meinen Feststellungen, kein Selbstbelügen in der unbeugsamen Folge meiner Beobachtungen, würde ich glauben, dass ich einfach das Opfer einer Sinnestäuschung geworden bin, der Spielball einer seltsamen Vision. Aber, wer weiß?
Ich befinde mich heute in einer Nervenheilanstalt. Ich habe mich freiwillig, aus Vorsicht, aus Angst dorthin begeben. Ein einziger Mensch nur kennt meine Geschichte: der Anstaltsarzt. Ich werde sie zu Papier bringen. Ich weiß nicht recht, warum. Vielleicht, um mich davon zu entlasten, denn ich fühle sie wie ein Alpdrücken auf mir. – Ich bin immer ein einsamer Mensch gewesen, ein Träumer, so eine Art alleinstehender Philosoph, ein guter Kerl, der mit wenig zufrieden ist, keine Bitterkeit gegen andere Menschen im Herzen trägt und keinen Hass gegen die Vorsehung. Ich habe immer allein gelebt, wegen einer Art Befangenheit, die mich überkommt in Gegenwart anderer Menschen. Wie soll ich das erklären? Ich kann's nicht. Nicht, dass ich andere Leute nicht sehen möchte, nicht gern einmal schwatzte, mit ein paar Freunden äße. Aber wenn ich sie lange an meiner Seite fühle, sogar meine besten Freunde, dann langweilen sie mich, ermüden mich, machen mich nervös, und ich fühle ein immer steigendes, quälendes Bedürfnis, sie gehen zu sehn oder selbst zu gehen, damit ich allein wäre.
Diese Lust ist mehr als ein Bedürfnis, ist eine unwiderstehliche Notwendigkeit. Und wenn ich noch länger in Gegenwart dieser Menschen bliebe, wenn ich noch länger ihre Unterhaltung hören müsste, würde ohne Zweifel irgendein Unglück mit mir geschehen. Was für ein Unglück? Wer weiß? Vielleicht nur eine Ohnmacht. Jawohl, wahrscheinlich.
Ich liebe es so sehr, allein zu sein, dass ich es sogar nicht ertragen kann, andere Menschen in meiner Nähe, unter meinem Dach schlafen zu wissen. Ich kann in Paris nicht wohnen, weil ich unzweifelhaft dort zu Grunde gehen müsste. Ich stürbe moralisch. Und diese riesige Menschenmenge, die um mich herumwimmelt, um mich lebt, verursacht mir, sogar wenn sie schläft, in Körper und Nerven fürchterliche Qualen. Ach, der Schlaf der anderen ist mir noch schrecklicher als ihre Gespräche! Und ich kann nie Ruhe finden, wenn ich hinter irgendeiner Mauer ein Leben ahne und fühle, das durch dieses regelmäßige Aussetzen der Gehirntätigkeit unterbrochen wird. Warum bin ich so? Wer weiß? Vielleicht hat es eine ganz einfache Ursache. Mich ermüdet sehr schnell alles, was nicht in mir selbst vorgeht. Und vielen Leuten geht es genau so wie mir.
Es gibt zwei Rassen von Menschen auf der Erde: solche, die andere Leute brauchen, die andere zerstreuen, beschäftigen, ausruhen, und die Einsamkeit erschöpft, müde macht, wie das Erklimmen eines fürchterlichen Gletschers oder ein Zug durch die Wüste. Und dann solche, die durch andere Menschen im Gegenteil müde gemacht, gelangweilt, gestört, gequält werden, während die Einsamkeit sie beruhigt, sie in Frieden lullt bei der Unabhängigkeit und dem freien Spiel ihrer Gedanken.
Im Ganzen ist das ein normales, seelisches Phänomen. Die einen sind geschaffen, um draußen zu leben, die anderen, um drin zu leben. Meine Fähigkeit, die Außendinge aufzufassen, ist nur von kurzer Dauer und schnell erschöpft. Sobald sie an ihre Grenzen kommt, empfinde ich im ganzen Körper, in meinem ganzen Wesen ein unerträgliches Unbehagen.
Die Folge davon ist, dass ich allerlei leblose Dinge liebe oder liebte. Dinge, die für mich die Bedeutung von lebenden Wesen annehmen, und dass mein Haus für mich eine Welt geworden ist oder geworden war, in der ich einsam, untätig lebte mitten unter meinen Besitztümern, Möbeln, kleinen mir gewohnten Gegenständen, die mir so sympathisch sind wie Gesichter. Ich hatte das Haus allmählich damit gefüllt, geschmückt und fühlte mich da zufrieden, glücklich, wie im Arm einer lieben Frau, deren gewohnte Zärtlichkeit süße, stille Notwendigkeit geworden ist.
Ich hatte dieses Haus mitten in einem schönen Garten errichten lassen, ganz abgeschlossen von den Straßen, in der Nähe einer Stadt, in der ich bei Gelegenheit Geselligkeit, die ich manchmal begehrte, zu finden vermocht. Meine Dienerschaft schlief in einem, ein Stück davon entfernten, Gebäude mitten im Gemüsegarten, den eine hohe Mauer umzog. Der tiefe Frieden der Nacht, im Schweigen meines Hauses, das ganz versteckt war unter den Blättern der großen Bäume, beruhigte mich so, war mir so lieb, dass ich jeden Abend stundenlang zögerte, mich zu Bett zu legen, um den Genuss zu verlängern.
Eines Tages hatte man in der Stadt in der Oper Sigurd gespielt. Ich hatte dieses wundervolle feenhafte Musikdrama zum ersten Male gehört, und es hatte mir überaus gefallen. Zu Fuß, schnellen Schrittes kehrte ich heim, Melodien, Gedanken im Kopf, schöne Bilder vor Augen. Die Nacht war schwarz – so schwarz, dass ich kaum die Landstraße erkennen konnte und mehrmals fast in den Graben gefallen wäre.

Vom städtischen Steueramt bis zu mir ist es ungefähr ein Kilometer weit, vielleicht etwas mehr, kurz, etwa zwanzig Minuten zu gehen.
Es war ein Uhr morgens, ein Uhr oder halb zwei. Der Himmel vor mir ward etwas heller, der Mond erschien, die traurige Sichel des letzten Viertels. Der Mond im ersten Viertel, der um vier oder fünf Uhr abends aufgeht, ist klar, heiter, silbrig blinkend; aber der, der nach Mitternacht kommt, rötlich, traurig, beunruhigend: es ist der richtige Sabbath-Mond. Alle Nachtwandler müssen diese Beobachtung schon gemacht haben. Das erste Viertel, wenn es schmal ist, nur wie ein Strich, wirft ein freundliches Licht, das das Herz erheitert und scharfe Schatten auf die Erde; das letzte Viertel aber strahlt einen kaum merklichen Schein aus, so matt, dass es beinahe keinen Schatten wirft.
In der Ferne erblickte ich die dunkle Masse meines Gartens, und ich weiß nicht, woher mir etwas wie ein unangenehmes Gefühl aufstieg beim Gedanken, dort hinein zu müssen. Ich schritt langsam. Die Luft war mild. Die großen Baummassen sahen wie ein Grabmal aus, unter dem mein Haus begraben lag.
Ich öffnete das Tor, trat in die lange Allee von Sykomoren ein, die nach dem Hause führte, gewölbt wie ein großer Tunnel, schritt durch dunkle Baumgruppen, um Rasenplätze herum, auf denen Blumenbeete eingebettet lagen unter bleichen Schatten, in der fahlen Finsternis ovale Flecken in unbestimmten Farben.
Als ich mich dem Haus näherte, überkam mich eine seltsame Bewegung. Ich blieb stehen. Man hörte nichts, kein Windhauch regte sich in den Blättern. Was habe ich denn? dachte ich. Seit zehn Jahren kehrte ich so heim, ohne dass ich je die geringste Unruhe empfunden. Ich hatte keine Angst. Ich habe nie nachts Angst gehabt. Der Anblick eines Menschen, eines Landstreichers, eines Einbrechers, eines Diebes hätte mich nur wütend gemacht, und ich hätte ihn ohne Zögern angegriffen. Übrigens war ich bewaffnet. Ich hatte meinen Revolver bei mir. Aber ich berührte ihn nicht, ich wollte diese beginnende Furcht, die in mir wuchs, bekämpfen.
Was war es? Nur ein Vorgefühl? Das seltsame Vorgefühl, das sich der Sinne des Menschen bemächtigt, wenn etwas Unerklärliches bevorsteht. Vielleicht. Wer weiß es?
Je weiter ich vorwärts schritt, desto mehr überlief es mich. Und als ich an der Mauer meiner weitläufigen Behausung stand mit den geschlossenen Läden, fühlte ich, dass ich ein paar Minuten warten musste, ehe ich die Tür öffnete und eintrat. Da setzte ich mich auf eine Bank unter den Fenstern meines Wohnzimmers. Leicht erregt, den Kopf gegen die Wand gelehnt, mit offenen Augen in das Dunkel der Blätter starrend, blieb ich sitzen. Während dieser ersten Augenblicke gewahrte ich nichts Außergewöhnliches um mich herum. Ich hörte in den Ohren etwas sausen, aber das habe ich öfters. Manchmal ist es mir, als führen Züge vorbei, oder ich höre Glocken läuten oder eine Menge hin- und herfluten.
Aber bald wurde dieses Sausen vernehmlicher, erkennbarer, deutlicher. Ich hatte mich geirrt. Es war nicht das gewöhnliche Pulsieren der Arterien, das dieses Geräusch im Ohr verursachte, sondern ein sehr eigentümlicher Lärm, ganz unbestimmt jedoch, der, darüber gab es keinen Zweifel, aus dem Innern meines Hauses kam.
Ich hörte durch die Mauer dieses unausgesetzte Geräusch, mehr irgendeine Bewegung als einen Lärm, das unaufhörliche Hin- und Herschieben einer Menge Dinge, als ob man leise alle meine Möbel hin- und herschleppte und an andere Stellen trüge.
Lange Zeit hindurch zweifelte ich, ob mein Ohr richtig gehört. Aber als ich es gegen einen der Läden legte, um das seltsame Geräusch in meinem Hause besser zu erkennen, ward ich meiner Sache gewiss, dass da drin bei mir etwas Anormales, Unfassliches vorging. Ich hatte keine Angst, aber ich war, wie soll ich das ausdrücken, ganz verstört vor Erstaunen. Ich spannte meinen Revolver nicht, ich wusste ja genau, dass ich seiner nicht bedurfte. Ich wartete ab.
Ich wartete lange Zeit, konnte keinen Entschluss fassen, sah ganz klar, aber war ängstlich bis zur Tollheit. Ich wartete stehend, lauschte immer auf den stets wechselnden Lärm, der in einzelnen Augenblicken zum Getöse wuchs, das einem ungeduldigen Toben von Wut, von seltsamer Empörung glich.
Dann nahm ich plötzlich, in Scham vor mir selbst wegen meiner Feigheit, meinen Schlüsselbund, suchte den Schlüssel heraus, den ich brauchte, steckte ihn ins Schlüsselloch, schloss zweimal herum, öffnete die Tür mit aller Kraft, dass der Flügel gegen die Wand flog.
Es klang wie ein Gewehrschuss, und auf diesen Knall antwortete in meiner ganzen Wohnung von oben bis unten ein riesiger Lärm. Er kam so plötzlich, war so schrecklich, so ohrenbetäubend, dass ich ein paar Schritte zurückwich und den Revolver zog, obgleich ich ihn noch immer unnötig wusste.
Ich wartete noch einen Augenblick. Und jetzt unterschied ich ein seltsames Hin- und Hertrippeln auf den Stufen der Treppe, auf dem Fußboden, auf den Teppichen, ein Getrampel nicht von Stiefeln, von menschlichem Schuhwerk, sondern von Krücken, von Holz- und Metallkrücken, die wie Cymbals klangen. Und plötzlich gewahrte ich auf der Schwelle meiner Tür einen Stuhl, meinen großen Lehnstuhl, der hin- und herschwankend herankam. Er ging hinaus in den Garten, andere folgten: die Stühle meines Salons, dann die niedrigen Sofas, die sich wie Krokodile auf ihren kleinen Füßen hinschleppten, endlich alle meine Stühle mit Sätzen wie Ziegen und die kleinen Sessel in Sprüngen wie Kaninchen.

O welches Entsetzen! Ich glitt ins Gebüsch, blieb dort niedergekauert, indem ich den Auszug meiner Möbel beobachtete. Denn sie gingen alle fort, eines nach dem anderen, schnell oder langsam je nach Größe und Gewicht. Mein Klavier, der große Flügel, kam im Galopp wie ein durchgehendes Pferd vorüber, während die Saiten in seinem Leibe klirrten. Die kleinen Gegenstände glitten auf dem Sand wie Ameisen hin, die Bürsten, die Gläser, die Schalen, die das Mondlicht wie Leuchtkäfer phosphoreszierend machte. Die Stoffe krochen, breit sich hinwälzend wie Quallen im Meer. Mein Schreibtisch erschien, ein seltenes Kunstwerk aus dem vorigen Jahrhundert, der alle Briefe enthielt, die ich je bekommen. Die ganze Geschichte meines Herzens, eine alte Geschichte, mit vielem, vielem Leid. Und auch alle meine Photographien waren darin.
Plötzlich hatte ich keine Angst mehr. Ich stürzte mich auf ihn, packte ihn wie man einen Dieb packt oder eine Frau, die entflieht. Aber er ging in unwiderstehlicher Fahrt weiter. Trotz meiner Bemühungen, trotz meiner Wut konnte ich nicht einmal seinen Gang verlangsamen. Während ich wie ein Verzweifelter mit jener entsetzlichen Kraft rang, fiel ich zu Boden und schlug auf ihn drein. Da zog er mich mit, schleifte mich auf dem Sande und schon begannen die Möbel, die ihm folgten, über mich hinwegzuschreiten, traten mir auf die Beine und verletzten mich. Als ich ihn dann losgelassen, gingen die anderen über mich weg wie eine Kavallerieattaque über den gestürzten Reiter.
Endlich konnte ich mich, halb toll vor Entsetzen, aus der großen Allee retten und mich wieder unter den Bäumen verstecken. Und ich sah, wie die kleinsten meiner Besitztümer, die intimsten, bescheidensten, an die ich am wenigsten dachte, verschwanden.
Dann hörte ich in der Ferne in meiner Wohnung, in der es schallte wie in einem leeren Haus, ein gewaltiges Zuschlagen von Türen. Sie fielen in der Behausung ins Schloss von oben bis unten, bis herab zu der Eingangstür, die ich verrückterweise selbst geöffnet. Sie klappte als letzte zu.
Da entfloh ich und lief zur Stadt. Erst als ich mich in den Straßen befand und noch ein paar Verspäteten begegnete, kehrte meine Kaltblütigkeit wieder. Ich klingelte an einem Hotel, wo ich bekannt war. Ich klopfte mit den Händen auf meine Kleider, dass der Staub herausflog, und erzählte nur, dass ich meinen Schlüsselbund verloren, der auch den Schlüssel zum Gemüsegarten enthielt, wo in einem Haus für sich die Dienerschaft schlief, hinter der verschlossenen Mauer, die meine Früchte und meine Gemüse vor dem Besuch von Dieben schützte.
Bis zu den Augen zog ich die Bettdecke über mich, aber ich konnte nicht schlafen und erwartete den Tagesanbruch, indem ich auf das Klopfen meines Herzens lauschte. Ich hatte Befehl gegeben, sobald es Tag würde, meine Leute zu benachrichtigen. Mein Diener pochte um sieben Uhr früh.
Er sah ganz verstört aus:
„Diese Nacht ist ein großes Unglück geschehen," sagte er.
„Was denn?"
„Man hat das ganze Mobiliar des gnädigen Herrn, alles, alles gestohlen, sogar die kleinsten Gegenstände."
Diese Nachricht freute mich. Warum? Wer weiß? Ich war ganz Herr meiner selbst, sicher, mir nichts merken zu lassen, niemandem etwas von dem zu sagen, was ich gesehen hatte, es zu verbergen, es zu begraben in meinem Gewissen, wie ein fürchterliches Geheimnis.
Ich antwortete: „Dann sind's dieselben Leute, die mir meine Schlüssel gestohlen haben. Sofort muss die Polizei in Kenntnis gesetzt werden." Ich stehe auf. „In ein paar Augenblicken komme ich nach."
Die Untersuchung dauerte fünf Monate. Man entdeckte nichts; nicht das kleinste Stück meines Hausrates fand man wieder und nicht die geringste Spur von den Dieben. Weiß Gott, wenn ich gesagt hätte, was ich wusste, wenn ich das wirklich gesagt haben würde, hätte man mich eingesperrt, nicht die Diebe, sondern mich, den Mann, der so etwas hatte beobachten können.
O, ich wusste zu schweigen. Aber ich habe mein Haus nicht wieder eingerichtet. Es war ganz unnütz, die Geschichte hätte doch immer wieder angefangen. Ich wollte dahin nicht zurückkehren, und ich tat es auch nicht. Ich habe es nicht wiedergesehen.
Ich ging nach Paris in ein Hotel. Und ich konsultierte Ärzte über meinen Nervenzustand, der mich seit jener entsetzlichen Nacht sehr beunruhigte.
Sie rieten mir, auf Reisen zu gehen, und ich befolgte ihren Rat.

Aus: Meisternovellen, 1. Bd. © Aufbau Verlag, Berlin 1954

Arbeitsauftrag:
Schreibe eine Inhaltsangabe. Fertige zuerst einen Entwurf und dann eine Reinschrift an. Achte dabei auf ein sauberes, klares Schriftbild und eine ordentliche Form.
(30 Punkte: Inhalt 20 Punkte; Sprache: 10 Punkte)

D	Name: ______________________________	Datum: ____________________	

Inhaltsangabe
Wer weiß? (Guy de Maupassant)

Gliederung:
❶ Basissatz
❷ Hauptteil
Leben des Ich-Erzählers (gesellschaftliche Situation) - Besuch einer Oper - Rückkunft spät abends - seltsame Geräusche - Mobiliar verlässt das Haus - Schock - Übernachtung in Paris - Nervenzustand - Reisen
❸ Schlussgedanke (Bewertung)

Musteraufsatz:
Diese etwas gruselige Erzählung des französischen Autors Guy de Maupassant spielt an einem nicht näher bezeichneten Ort in Frankreich. Ein Mann – namentlich nicht näher erwähnt –, der jetzt in einer Nervenheilanstalt lebt, berichtet von einem unheimlichen Spuk, den er in seinem Haus erlebt hat.
Der wohlhabende Ich-Erzähler lebt zurückgezogen ohne Kontakt zu anderen Personen in der Nähe einer Stadt. Er ist ein Außenseiter und zieht es vor, ganz alleine zu leben. Deshalb ist seine Dienerschaft auch in einem abseits gelegenen Gebäude untergebracht.
Nach dem Besuch einer Oper kehrt er nachts gegen ein Uhr nach Hause zurück. Der Mond wirft einen schwachen Schein. Als der Ich-Erzähler sich seinem Anwesen nähert, überkommt ihn ein seltsames Gefühl, als ob etwas nicht stimme. Er wartet einige Minuten an der Gartenmauer, ehe er sich auf eine Bank unter den Fenstern des Wohnzimmers setzt. Der Hausbesitzer vernimmt eigentümliche Geräusche, die aus dem Inneren seines Hauses herrühren. Als er nach langer Zeit des Wartens und Bangens mit einem heftigen Knall seine Haustüre aufstößt, erschallt plötzlich aus dem ganzen Haus riesiger Lärm. Seinen Augen nicht trauend, trottet eine lange Schlange von Möbelstücken hin- und herschwankend an ihm vorbei und verlässt das Haus. Von Sesseln über den großen Flügel bis hin zum Schreibtisch marschiert alles an ihm vorüber. Seine Bemühungen, den Schreibtisch zum Halten zu bringen, scheitern kläglich. Er wird sogar mitgeschleift und von den restlichen Möbeln fast platt gewalzt. Der Ich-Erzähler versteckt sich zutiefst erschrocken unter den Bäumen und vernimmt am Ende das Zuschlagen von Türen. Seine Wohnung ist leer.
Hals über Kopf flieht der Hausbesitzer von seinem Grundstück und übernachtet in einem Hotel. Gegen sieben Uhr berichtet ihm sein Diener, dass aus seinem Haus das gesamte Mobiliar gestohlen worden sei. Der Hausbesitzer erzählt nichts von seinem nächtlichen Erlebnis, sondern ruft die Polizei und gibt an, dass sein Schlüssel gestohlen worden sei. Die Untersuchung dauert fünf Monate, doch man findet nicht das Geringste heraus. Der Ich-Erzähler schweigt. Er verlässt sein leeres Haus und kehrt dorthin nicht mehr zurück. In Paris findet er in einem Hotel eine Bleibe und konsultiert dort Ärzte, die ihn auf seinen Nervenzustand untersuchen. Sie empfehlen ihm, auf Reisen zu gehen. Der Ich-Erzähler befolgt ihren Rat.
Maupassants Erzählung ist nicht ganz leicht zu verstehen. Ratlos bleibt man als Leser mit der Frage zurück: Hat der Mann das alles wirklich erlebt oder ist er verrückt und ist das Geschehene nur seiner krankhaften Fantasie entsprungen? Die Antwort muss der Leser selbst finden. Auch die Überschrift der Erzählung lässt alles offen.

Michaela Schöfer (M7)

D	Name: ______________________	Datum: ____________________	

Inhaltsangabe
Der zu spät erfüllte Wunsch (Hans-Jürgen Heise)

„Einen Bogen“, sagte der Junge. „Weiter nichts.“

Sein Vater, der ihn gefragt hatte, was er zu Weihnachten haben wolle, sah ihn einen Augenblick lang verdutzt an, dann lachte er: „Einen Bogen? Aber ihr habt euch doch selber prächtige Bogen geschnitzt aus Weidenholz.“ Der Junge schüttelte den Kopf. „Ich meine einen richtigen. Wie ihn die Indianer haben.“ „So einen“, sagte der Vater, „gibt es doch nicht.“

Der Junge blickte starr vor sich hin. „Bei Uschkureit“, sagte er. Uschkureit war das Spielwarengeschäft um die Ecke, er hatte da im Schaufenster einen Bogen aus Esche gesehen, ein herrlich gebeiztes Ding mit einem Köcher voll schlanker Pfeile. Der Köcher allein schon war etwas Wunderbares. Er hatte eine Schnur zum Umhängen und war aus rotem Leder. Sogar ein Totem war darauf gemalt: Tomahawk und Friedenspfeife, übereinandergekreuzt. „Einen Flitzbogen?“ Es war die Mutter, die jetzt sprach. „Ach was! Damit stellt er sowieso bloß Dummheiten an. Ich bin dafür, dass er etwas Praktisches bekommt.“ Der Junge sagte jetzt nichts mehr. Doch am nächsten Tag holte er seinen Vater vom Büro ab und zeigte ihm den Bogen: „Sieh mal, ist er nicht schön? Ein richtiger Comanchen-Bogen! Ich als Häuptling muss so einen haben.“ „Hm“, sagte der Vater. „Wir müssen jetzt gehen. Mama heizt uns sonst ein, wenn wir das Essen wieder kalt werden lassen.“ Abends im Bett sagte der Mann zu seiner Frau: „Erika, wollen wir ihm nicht doch den Bogen kaufen? Er möchte ihn so gern haben und –“. „Gib dir keine Mühe. Uns wurde früher auch nicht jeder Wunsch erfüllt. Er kriegt ihn nicht; und überhaupt war es falsch, ihn nach seinen Wünschen zu fragen. Ein Kind in seinem Alter hat gar nichts zu wollen, es hat sich über das zu freuen, was es bekommt.“ In der Nacht vor Heiligabend machte der Junge kein Auge zu. Er sah sich vor die Krieger seines Stammes treten, den Bogen in der Hand und den Köcher über der Schulter. „Comanchen“, sagte er. „Tapferste aller Krieger. Ich komme gerade von einem Zug gegen die Kiowa zurück. Und wisst ihr, wen ich skalpiert habe? Niemand anders als Springender Hirsch. Er saß unter einem Hickorybaum, dort, wo das blaue Wasser aus den Felsen springt. Sieben Krieger seines Stammes hockten bei ihm. Ich hatte von weitem das Feuer gesehen und ahnte gleich, dass es ein Kiowa-Feuer war. Ha! War das ein Anblick. Acht der erbärmlichsten Kojoten der Prärie! Ich hatte zwar keine Waffen bei mir, nur meine Büchse, ohne Pulver. Aber das war doch zuviel. Ich knirschte mit den Zähnen und schlich mich an. Comanchen! Ihr könnt mir glauben! Drei von ihnen sind in die ewigen Jagdgründe abgereist, die anderen flohen in die Nacht.“ Und nun zeigte er ihnen, als Beweis für seine Tat, den berühmten Bogen von Springender Hirsch, den er erbeutet hatte. Am nächsten Abend, unterm Weihnachtsbaum, sagte der Junge sein Gedicht auf. Noch war der Tisch mit einem Tuch bedeckt; da nahm der Vater es auch schon weg. Doch was war das? Eine Eisenbahn, ein Mantel, ein bunter Teller. Und ein Paar Rollschuhe. Der Bogen war nicht da.

„Nun?“, sagte die Mutter, „willst du dich nicht bedanken?“ Der Junge drehte sich um. „Ich wollte doch ...“ Tränen stiegen ihm in die Augen. Plötzlich lief er hinaus ins Badezimmer und riegelte sich ein. Vergeblich klopfte der Vater an die Tür; der Junge öffnete nicht.

Die Mutter war kreidebleich. „Siehst du“, sagte sie. „Das ist deine Erziehung. Ein schöner Heiligabend.“ Der Mann gab ihr keine Antwort. Er lockte den Jungen: „Jörg, komm raus. Du kriegst auch den Bogen. Ich kaufe ihn dir gleich nach dem Fest.“ Und wirklich, Jörg bekam den Bogen. Doch er trug ihn runter in den Keller und lehnte ihn gegen die Kartoffelkiste. Dort entdeckte ihn eines Tages der Vater, mitten im Sommer ... in der besten Zeit für die Kriegszüge der Comanchen. „Dein Eschebogen. Warum benutzt du ihn nicht?“ „Ich will ihn noch schonen.“ Der Junge machte sich an der Mausefalle zu schaffen, die schon seit Jahren nicht mehr funktionierte, und stellte sie in eine andere Ecke, in ein Spinnennetz. Er vermied es, den Vater anzusehen, und schielte zur Kartoffelkiste hinüber. Der Bogen. Gewiss, er hatte ihn bekommen. Aber er hatte ihn zu spät bekommen. Fast alles, erfuhr er in folgenden Jahren, bekommt man zu spät.

Arbeitsaufgaben:

Gliedere den Text in Abschnitte. Suche dafür dann geeignete Überschriften. Fasse anschließend den Inhalt des Textes zusammen.

D	Name: ______________________	Datum: ________________	

Inhaltsangabe
Der zu spät erfüllte Wunsch (Hans-Jürgen Heise)

Überschriften:

❶ Jörg wünscht sich einen richtigen Indianerbogen.
❷ Jörg zeigt seinem Vater den Bogen im Schaufenster.
❸ Jörgs Mutter ist gegen den Kauf.
❹ Jörgs Traum als Häuptling der Comanchen, der den berühmten Bogen erbeutet
❺ Bescherung am Heiligen Abend – ohne Bogen
❻ Riesengroße Enttäuschung bei Jörg
❼ Jörg bekommt den Bogen nach Weihnachten.
❽ Der Bogen steht unbenutzt im Keller.

Musteraufsatz:

Die Geschichte „Der zu spät erfüllte Wunsch" von Hans-Jürgen Heise handelt von einem Jungen namens Jörg, der zu Weihnachten einen echten Indianerbogen möchte, dessen Wunsch aber anders als gedacht in Erfüllung geht.

Jörg äußert seinem Vater gegenüber den Wunsch nach einem Indianerbogen aus Eschenholz, den er in einem Spielwarengeschäft gesehen hat. Er zeigt seinem Vater nach Büroschluss das herrliche Stück, doch seine Mutter will ihrem Sohn etwas Praktisches schenken. Noch einmal am Abend von ihrem Mann auf den Wunsch ihres Sohnes angesprochen, lehnt Jörgs Mutter kategorisch ab. Am Tag vor Weihnachten träumt Jörg, dass er den berühmten Bogen des Comanchenhäuptlings „Springender Hirsch" im Kampf mit acht Indianern erbeutet hat.

Bei der Bescherung sucht Jörg vergebens nach seinem Bogen, er entdeckt nur eine Eisenbahn, einen Mantel, einen bunten Teller und ein Paar Rollschuhe. Enttäuscht schließt sich der Junge ins Badezimmer ein. Die Mutter wirft ihrem Mann Fehler in der Erziehung vor. Der Vater lockt Jörg aus dem Badezimmer, indem er verspricht, ihm den Bogen gleich nach den Festtagen zu kaufen. Jörg bekommt zwar seinen Bogen, doch er wird unbenutzt im Keller abgestellt. Der Junge meint, es sei zu spät gewesen.

In den folgenden Jahren erfährt Jörg, dass man fast alles zu spät bekommt.

Hans-Jürgen Heise weiß, dass Wünsche oft zu spät in Erfüllung gehen, weil entweder die finanziellen Voraussetzungen nicht gegeben sind oder die Wünsche nicht „nützlich" genug sind. Dennoch bricht der Autor eine Lanze für Kinder und Jugendliche, weil er glaubt, dass viele oft nicht unbedingt zweckgebundenen Wünsche die Fantasie der Heranwachsenden anregen und erheblich zur Persönlichkeitsbildung beitragen können.

Daniel Fröhlich (M7)

Brudermord im Altwasser
(Georg Britting)

Das sind grünschwarze Tümpel, von Weiden überhangen, von Wasserjungfern übersurrt, das heißt: wie Tümpel und kleine Weiher, und auch große Weiher ist es anzusehen, und es ist doch nur Donauwasser, durch Steindämme abgesondert vom großen, grünen Strom, Altwasser, wie man es nennt. Fische gibt es im Altwasser, viele; Fischkönig ist der Bürstling, ein Raubtier mit zackiger, kratzender Rückenflosse, mit bösen Augen, einem gefräßigen Maul, grünschwarz schillernd wie das Wasser, darin er jagt. Und wie heiß es hier im Sommer ist! Die Weiden schlucken den Wind, der draußen über dem Strom immer geht. Und aus dem Schlamm steigt ein Geruch wie Fäulnis und Kot und Tod. Kein besserer Ort ist zu finden für Knabenspiele als dieses gründämmernde Gebiet. Und hier geschah, was ich jetzt erzähle.

Die drei Hofberger Buben, elfjährig, zwölfjährig, dreizehnjährig, waren damals im August jeden Tag auf den heißen Steindämmen, hockten unter den Weiden, waren Indianer im Dickicht und Wurzelgeflecht, pflückten Brombeeren, die schwarzfeucht, stachlig geschützt glänzten, schlichen durch das Schilf, das in hohen Stangen wuchs, schnitten sich Weidenruten, rauften, schlugen auch wohl einmal den Jüngsten, den Elfjährigen, eine tiefe Schramme, dass sein Gesicht rot beschmiert war wie eine Menschenfressermaske, brachen wie Hirsche und schreiend durch Buschwerk und Graben zur breitfließenden Donau vor, wuschen den blutigen Kopf, und die Haare deckten die Wunde dann, und waren gleich wieder versöhnt. Die Eltern durften natürlich nichts erfahren von solchen Streichen, und sie lachten alle drei und vereinbarten wie immer: „Zu Hause sagen wir aber nichts davon!“

Die Altwässer ziehen sich stundenweit der Donau entlang. Bei einem Streifzug einmal waren die drei tief in die grüne Wildnis vorgedrungen, tiefer als je zuvor, bis zu einem Weiher, größer, als sie je einen gesehen hatten, schwarz der Wasserspiegel, und am Ufer lag ein Fischerboot angekettet. Den Pfahl, an dem die Kette hing, rissen sie aus dem schlammigen Boden, warfen Kette und Pfahl ins Boot, stiegen ein, ein Ruder lag auch dabei, und ruderten in die Mitte des Weihers hinaus. Nun waren sie Seeräuber und träumten und brüteten wilde Pläne. Die Sonne schien auf ihre bloßen Köpfe, das Boot lag unbeweglich, unbeweglich stand das Schilf am jenseitigen Ufer, Staunzen fuhren leise summend durch die dicke Luft, kleine Blutsauger, aber die abgehärteten Knaben spürten die Stiche nicht mehr. Der Dreizehnjährige begann das Boot leicht zu schaukeln. Gleich wiegten sich die beiden anderen mit, auf und nieder, Wasserringe liefen über den Weiher, Wellen schlugen platschend ans Ufer, die Binsen schwankten und wackelten. Die Knaben schaukelten heftiger, dass der Bootsrand bis zum Wasserspiegel sich neigte und das aufgeregte Wasser ins Boot hineinschwappte. Der kleinste, der Elfjährige, hatte einen Fuß auf den Bootsrand gesetzt und tat jauchzend seine Schaukelarbeit. Da gab der Älteste dem Zwölfjährigen ein Zeichen, den Kleinen zu schrecken, und plötzlich warfen sie sich beide auf die Bootsseite, wo der Kleine stand, und das Boot neigte sich tief, und dann lag der Jüngste im Wasser und schrie, und ging unter und schlug von unten gegen das Boot, und schrie nicht mehr und pochte nicht mehr und kam auch nicht mehr unter dem Boot hervor, unter dem Boot nicht mehr hervor, nie mehr.

Die beiden Brüder saßen stumm und käsegelb auf den Ruderbänken in der prallen Sonne, ein Fisch schnappte und sprang über das Wasser heraus. Die Wasserringe hatten sich verlaufen, die Binsen standen wieder unbeweglich, die Staunzen summten bös und stachen. Die Brüder ruderten das Boot wieder ans Ufer, trieben den Pfahl mit der Kette wieder in den Uferschlamm, stiegen aus, trabten auf dem langen Steindamm dahin, trabten stadtwärts, wagten nicht, sich anzusehen, liefen hintereinander, achteten der Weiden nicht, die ihnen ins Gesicht schlugen, nicht der Brombeersträucherstacheln, die an ihnen rissen, stolperten über Wurzelschlangen, liefen, liefen und liefen.

Die Altwässer blieben zurück, die grüne Donau kam, breit und behäbig, rauschte der Stadt zu, die ersten Häuser sahen sie, sie sahen den Dom, sie sahen das Dach des Vaterhauses.

Sie hielten, schweißüberronnen, zitterten verstört, die Knaben, die Mörder, und dann sagte der Ältere wie immer nach einem Streich: „Zu Hause sagen wir aber nichts davon!“ Der andere nickte, von wilder Hoffnung überwuchert, und sie gingen, entschlossen, ewig zu schweigen, auf die Haustüre zu, die sie wie ein schwarzes Loch verschluckte.

D	Name: ______________________________	Datum: ______________________	

Inhaltsangabe
Brudermord im Altwasser (Georg Britting)

Arbeitsaufgaben:

❶ Verfasse eine Inhaltsangabe.

❷ In welcher Beziehung steht die Natur zur Handlung der Kurzgeschichte?

zu ❶

In der Kurzgeschichte „Brudermord im Altwasser" von Georg Britting geht es um drei Brüder im Alter von elf bis dreizehn Jahren. Während eines Spiels in einem alten Kahn auf einem Weiher an der Donau ertrinkt durch einen mutwilligen Streich der jüngste Bruder.

Die Altwässer bieten auf Grund ihrer Abgelegenheit einen guten Ort für Jungenspiele, so dass die drei Brüder dort im Sommer häufig ungestört spielen und durch das Dickicht streunen. Vor allem der Jüngste der Brüder hat dabei unter den Streichen und Raufereien seiner beiden älteren Brüder zu leiden, wobei die Jungen dies stets vor den Eltern geheim halten.

Eines Tages finden die drei Knaben an einem relativ großen Weiher ein Ruderboot, mit dem sie weit auf das Wasser hinausfahren. Während sie Seeräuber spielen, beginnt der Dreizehnjährige das Boot leicht zu schaukeln und die beiden anderen wiegen sich gleich mit. Als der Elfjährige seinen Fuß zum Schaukeln auf den Bootsrand setzt, wollen die beiden älteren Brüder ihn erschrecken und verlagern ihr Gewicht so auf die Seite, wo der Kleine steht, dass dieser ins Wasser fällt. Obwohl er zunächst um Hilfe schreit und von unten gegen das Boot klopft, reagieren die beiden Älteren nicht, sondern bleiben im Boot sitzen. Als sie an Hilfe denken, ist es zu spät.

Daraufhin rudern die Brüder zum Ufer zurück und laufen schweigend zurück zur Stadt. Bevor sie jedoch das Haus der Eltern betreten, schwören sie sich gegenseitig wie immer nach Streichen, zu Hause nichts zu erzählen.

zu ❷

Um die Natur zu beschreiben, bedient sich Georg Britting sprachlicher Mittel, die einen düsteren und wilden Eindruck hinterlassen. Die Natur passt zu den rohen, gefährlichen Spielen der Jungen. Dazu benutzt der Autor klangmalende Adjektive und verwendet die eher düsteren Farben grün und schwarz. Sprachbilder wie „Kot und Tod", „Staunzen als Blutsauger" und der „Bürstling mit seinem gefräßigen Maul und den bösen Augen" wirken bedrohlich und lassen das kommende Unheil schon erahnen.

Bianca Langlotz (M7)

Das Fenster-Theater
(Ilse Aichinger)

Die Frau lehnte am Fenster und sah hinüber. Der Wind trieb in leichten Stößen vom Fluss herauf und brachte nichts Neues. Die Frau hatte den starren Blick neugieriger Leute, die unersättlich sind. Es hatte ihr noch niemand den Gefallen getan, vor ihrem Haus niedergefahren zu werden.
Außerdem wohnte sie im vorletzten Stock, die Straße lag zu tief unten. Der Lärm rauschte nur mehr leicht herauf. Alles lag zu tief unten. Als sie sich eben vom Fenster abwenden wollte, bemerkte sie, dass der Alte gegenüber Licht angedreht hatte. Da es noch ganz hell war, blieb dieses Licht für sich und machte den merkwürdigen Eindruck, den aufflammende Straßenlaternen unter der Sonne machen. Als hätte einer an seinen Fenstern die Kerzen angesteckt, noch ehe die Prozession die Kirche verlassen hat. Die Frau blieb am Fenster. Der Alte öffnete und nickte herüber. Meint er mich? dachte die Frau. Die Wohnung über ihr stand leer und unterhalb lag eine Werkstatt, die um diese Zeit schon geschlossen war. Sie bewegte leicht den Kopf. Der Alte nickte wieder. Er griff sich an die Stirne, entdeckte, dass er keinen Hut aufhatte, und verschwand im Inneren des Zimmers.
Gleich darauf kam er in Hut und Mantel wieder. Er zog den Hut und lächelte. Dann nahm er ein weißes Tuch aus der Tasche und begann zu winken. Erst leicht und dann immer eifriger. Er hing über die Brüstung, dass man Angst bekam, er würde vornüberfallen. Die Frau trat einen Schritt zurück, aber das schien ihn zu bestärken. Er ließ das Tuch fallen, löste seinen Schal vom Hals – einen großen bunten Schal – und ließ ihn aus dem Fenster wehen. Dazu lächelte er. Und als sie noch einen weiteren Schritt zurücktrat, warf er den Hut mit einer heftigen Bewegung ab und wand den Schal wie einen Turban um seinen Kopf. Dann kreuzte er die Arme über der Brust und verneigte sich. Sooft er aufsah, kniff er das linke Auge zu, als herrsche zwischen ihnen ein geheimes Einverständnis. Das bereitete ihr so lange Vergnügen, bis sie plötzlich nur mehr seine Beine in dünnen, geflickten Samthosen in die Luft ragen sah. Er stand auf dem Kopf. Als sein Gesicht gerötet, erhitzt und freundlich wieder auftauchte, hatte sie schon die Polizei verständigt.
Und während er, in ein Leintuch gehüllt, abwechselnd an beiden Fenstern erschien, unterschied sie schon drei Gassen weiter über dem Geklingel der Straßenbahnen und dem gedämpften Lärm der Stadt das Hupen des Überfallautos. Denn ihre Erklärung hatte nicht sehr klar und ihre Stimme erregt geklungen. Der alte Mann lachte jetzt, so dass sich sein Gesicht in tiefe Falten legte, streifte dann mit einer vagen Gebärde darüber, wurde ernst, schien das Lachen eine Sekunde lang in der hohlen Hand zu halten und warf es dann hinüber. Erst als der Wagen schon um die Ecke bog, gelang es der Frau, sich von seinem Anblick loszureißen.
Sie kam atemlos unten an. Eine Menschenmenge hatte sich um den Polizeiwagen gesammelt. Die Polizisten waren abgesprungen, und die Menge kam hinter ihnen und der Frau her. Sobald man die Leute zu verscheuchen suchte, erklärten sie einstimmig, in diesem Hause zu wohnen. Einige davon kamen bis zum letzten Stock mit. Von den Stufen beobachteten sie, wie die Männer, nachdem ihr Klopfen vergeblich blieb und die Glocke allem Anschein nach nicht funktionierte, die Tür aufbrachen. Sie arbeiteten schnell und mit einer Sicherheit, von der jeder Einbrecher lernen konnte. Auch in dem Vorraum, dessen Fenster auf den Hof sahen, zögerten sie nicht eine Sekunde. Zwei von ihnen zogen die Stiefel aus und schlichen um die Ecke. Es war inzwischen finster geworden. Sie stießen an einen Kleiderständer, gewahrten den Lichtschein am Ende des schmalen Ganges und gingen ihm nach. Die Frau schlich hinter ihnen her.
Als die Tür aufflog, stand der alte Mann mit dem Rücken zu ihnen gewandt noch immer am Fenster. Er hielt ein großes weißes Kissen auf dem Kopf, das er immer wieder abnahm, als bedeutete er jemandem, dass er schlafen wolle. Den Teppich, den er vom Boden genommen hatte, trug er um die Schultern. Da er schwerhörig war, wandte er sich auch nicht um, als die Männer auch schon knapp hinter ihm standen und die Frau über ihn hinweg in ihr eigenes finsteres Fenster sah.
Die Werkstatt unterhalb war, wie sie angenommen hatte, geschlossen. Aber in die Wohnung oberhalb musste eine neue Partei eingezogen sein. An eines der erleuchteten Zimmer war ein Gitterbett geschoben, in dem aufrecht ein kleiner Knabe stand. Auch er trug sein Kissen auf dem Kopf und die Bettdecke um die Schultern. Er sprang und winkte herüber und krähte vor Jubel. Er lachte, strich mit der Hand über das Gesicht, wurde ernst und schien das Lachen eine Sekunde lang in der hohlen Hand zu halten. Dann warf er es mit aller Kraft den Wachleuten ins Gesicht.

D	Name: ______________________	Datum: ____________________

Inhaltsangabe
Das Fenster-Theater (Ilse Aichinger)

Arbeitsaufgaben:
❶ Bringe die Absatzüberschriften in eine richtige Reihenfolge.
❷ Erstelle eine Inhaltsangabe. Formuliere einen einleitenden Basissatz.

zu ❶

- Frau ruft bei der Polizei an (   )
- Frau steht beobachtend am Fenster (   )
- Knabe kräht vor Vergnügen (   )
- Frau wohnt im vorletzten Stockwerk (   )
- Mann winkt mit Schal (   )
- Polizei bricht Türe auf (   )
- Knabe hat Kissen auf dem Kopf und Bettdecke um die Schultern gewickelt (   )
- Mann verneigt sich mit seinem zum Turban gewundenen Schal (   )
- Mann holt Hut und Mantel (   )
- neugierige Frau folgt der Polizei (   )
- alter Mann im Haus gegenüber steht am Fenster (   )
- kleiner Knabe am Fenster (   )
- Türe bleibt trotz Klopfens und Klingelns verschlossen (   )
- Mann macht Kopfstand am Fenster (   )
- Wohnung über dem Stockwerk der Frau ist neu vermietet (   )
- Mann hat Kissen auf dem Kopf und Teppich um die Schultern gerollt (   )

zu ❷

____
____
____
____
____
____
____
____
____
____
____
____
____
____
____
____
____
____

D	Name: ______________________	Datum: ________________

Inhaltsangabe
Das Fenster-Theater (Ilse Aichinger)

Arbeitsaufgaben:
❶ Bringe die Absatzüberschriften in eine richtige Reihenfolge.
❷ Erstelle eine Inhaltsangabe. Formuliere einen einleitenden Basissatz.

zu ❶

- Frau ruft bei der Polizei an (**8**)
- Frau steht beobachtend am Fenster (**1**)
- Knabe kräht vor Vergnügen (**16**)
- Frau wohnt im vorletzten Stockwerk (**2**)
- Mann winkt mit Schal (**5**)
- Polizei bricht Türe auf (**11**)
- Knabe hat Kissen auf dem Kopf und Bettdecke um die Schultern gewickelt (**15**)
- Mann verneigt sich mit seinem zum Turban gewundenen Schal (**6**)
- Mann holt Hut und Mantel (**4**)
- neugierige Frau folgt der Polizei (**9**)
- alter Mann im Haus gegenüber steht am Fenster (**3**)
- kleiner Knabe am Fenster (**13**)
- Türe bleibt trotz Klopfens und Klingelns verschlossen (**10**)
- Mann macht Kopfstand am Fenster (**7**)
- Wohnung über dem Stockwerk der Frau ist neu vermietet (**12**)
- Mann hat Kissen auf dem Kopf und Teppich um die Schultern gerollt (**14**)

zu ❷

In der Kurzgeschichte „Das Fenster-Theater" von Ilse Aichinger geht es um eine Frau die aus ihrem Fenster neugierig ein Fenster des gegenüberliegenden Hauses beobachtet. Ort und Zeit werden nicht näher beschrieben.

Eine Frau, die allein in der vorletzten Etage eines höheren Hauses wohnt, beobachtet neugierig von ihrem Fenster aus die Geschehnisse auf der Straße. Dabei fällt ihr ein alter Mann auf, der ihr gegenüber wohnt. Dieser nickt ihr von seinem Fenster scheinbar zu und scheint Späße zu machen. Sein ausgelassenes Verhalten, das ihr zunächst durchaus gefällt, irritiert die Frau jedoch mehr und mehr. Deshalb ruft sie die Polizei an, die kurz darauf erscheint, um nach dem Rechten zu sehen. Die neugierige Frau lässt die Beamten ein und folgt ihnen bis zur Wohnung des Mannes. Als die Tür von der Polizei aufgebrochen wird, wird diese Aktion von dem Alten nicht wahrgenommen, da er schwerhörig ist. Aber durch das Fenster ist zu erkennen, dass die Späße des alten Mannes an einen kleinen Jungen gerichtet sind, der mit seiner Familie, ohne dass die Frau davon gewusst hat, in der Wohnung einen Stock über der Etage der alten Frau wohnt.

Ilse Aichinger will mit ihrer Kurzgeschichte die Humorlosigkeit und Inhumanität unserer Zeit anklagen. Die nackte und schonungslose Neugier unserer Mitmenschen wirkt fast immer verletzend, wird aber von den meisten Leuten nicht einmal als schlimm empfunden.

Sabine Bee (M7)

Die drei dunklen Könige
(Wolfgang Borchert)

Er tappte durch die dunkle Vorstadt. Die Häuser standen abgebrochen gegen den Himmel. Der Mond fehlte, und das Pflaster war erschrocken über den späten Schritt. Dann fand er eine alte Planke. Da trat er mit dem Fuß gegen, bis eine Latte morsch aufseufzte und losbrach. Das Holz roch mürbe und süß. Durch die dunkle Vorstadt tappte er zurück. Sterne waren nicht da.

Als er die Tür aufmachte (sie weinte dabei, die Tür), sahen ihm die blassblauen Augen seiner Frau entgegen. Sie kamen aus einem müden Gesicht. Ihr Atem hing weiß im Zimmer, so kalt war es. Er beugte sein knochiges Knie und brach das Holz. Das Holz seufzte. Dann roch es mürbe und süß ringsum. Er hielt sich ein Stück davon unter die Nase. Riecht beinahe wie Kuchen, lachte er leise. Nicht, sagten die Augen der Frau, nicht lachen. Er schläft.

Der Mann legte das süße, mürbe Holz in den kleinen Blechofen. Da glomm es auf und warf eine Handvoll warmes Licht durch das Zimmer. Die fiel hell auf ein winziges rundes Gesicht und blieb einen Augenblick. Das Gesicht war erst eine Stunde alt , aber es hatte schon alles, was dazu gehört: Ohren, Nase, Mund und Augen. Die Augen mussten groß sein, das konnte man sehen, obgleich sie zu waren. Aber der Mund war offen, und es pustete leise daraus. Nase und Ohren waren rot. Er lebt, dachte die Mutter. Und das kleine Gesicht schlief.

Da sind noch Haferflocken, sagte der Mann. Ja, antwortete die Frau, das ist gut. Es ist kalt. Der Mann nahm noch von dem süßen, weichen Holz. Nun hat sie ihr Kind gekriegt und muss frieren, dachte er. Aber er hatte keinen, dem er dafür die Fäuste ins Gesicht schlagen konnte. Als er die Ofentür aufmachte, fiel wieder eine Handvoll Licht über das schlafende Gesicht. Die Frau sagte leise: Kuck, wie ein Heiligenschein, siehst du? Heiligenschein! dachte er, und er hatte keinen, dem er die Fäuste ins Gesicht schlagen konnte.

Dann waren welche an der Tür. Wir sahen das Licht, sagten sie, vom Fenster. Wir wollen uns zehn Minuten hinsetzten. Aber wir haben ein Kind, sagte der Mann zu ihnen. Da sagten sie nichts weiter, aber sie kamen doch ins Zimmer, stießen Nebel aus den Nasen und hoben die Füße hoch. Wir sind ganz leise, flüsterten sie und hoben die Füße hoch.

Dann fiel das Licht auf sie. Drei waren es. In drei alten Uniformen. Einer hatte einen Pappkarton, einer einen Sack. Und der dritte hatte keine Hände. Erfroren, sagte er, und hielt die Stümpfe hoch. Dann drehte er dem Mann die Manteltaschen hin. Tabak war drin und dünnes Papier. Sie drehten Zigaretten. Aber die Frau sagte: Nicht, das Kind. Da gingen die vier vor die Tür, und ihre Zigaretten waren vier Punkte in der Nacht.

Der eine hatte dicke umwickelte Füße. Er nahm ein Stück Holz aus einem Sack. Ein Esel, sagte er, ich habe sieben Monate daran geschnitzt. Für das Kind. Das sagte er und gab es dem Mann. Was ist mit den Füßen? fragte der Mann. Wasser, sagte der Eselschnitzer, vom Hunger. Und der andere, der dritte? fragte der Mann und befühlte im Dunkeln den Esel. Der dritte zitterte in seiner Uniform: Oh, nichts, wisperte er, da sind nur die Nerven. Man hat eben zuviel Angst gehabt. Dann traten sie die Zigaretten aus und gingen wieder hinein. Sie hoben die Füße hoch und sahen auf das kleine schlafende Gesicht. Der Zitternde nahm aus seinem Pappkarton zwei gelbe Bonbons und sagte dazu: Für die Frau sind die.

Die Frau machte die blassen Augen weit auf, als sie die drei Dunkeln über das Kind gebeugt sah. Sie fürchtete sich. Aber da stemmte das Kind seine Beine gegen ihre Brust und schrie so kräftig, dass die drei Dunklen die Füße aufhoben und zur Tür schlichen. Hier nickten sie nochmal, dann stiegen sie in die Nacht hinein.

Der Mann sah ihnen nach. Sonderbare Heilige, sagte er zu seiner Frau. Dann machte er die Tür zu. Schöne Heilige sind das, brummte er, und sah nach den Haferflocken. Aber er hatte kein Gesicht für seine Fäuste. Aber das Kind hat geschrien, flüsterte die Frau, ganz stark hat es geschrien. Da sind sie gegangen. Kuck mal, wie lebendig es ist, sagte sie stolz. Das Gesicht machte den Mund auf und schrie.

Weint er? fragte der Mann. Nein, ich glaube, er lacht, antwortete die Frau.

Beinahe wie Kuchen, sagte der Mann und roch an dem Holz, wie Kuchen. Ganz süß.

Heute ist ja auch Weihnachten, sagte die Frau. Ja, Weihnachten, brummte er, und vom Ofen her fiel eine Handvoll Licht auf das kleine schlafende Gesicht.

Wolfgang Borchert: Die drei dunklen Könige. Aus: Das Gesamtwerk

D	Name: ______________________________	Datum: ______________________	

Inhaltsangabe
Die drei dunklen Könige (Wolfgang Borchert)

Arbeitsaufgabe:
Schreibe zur Kurzgeschichte „Die drei dunklen Könige" eine Inhaltsangabe.

In der Kurzgeschichte „Die drei dunklen Könige" von Wolfgang Borchert geht es um drei zerlumpte Soldaten, die aus dem Krieg heimgekehrt sind, und bei einem Ehepaar in einer armseligen Hütte kurz Rast machen und dabei das neugeborene Kind beschenken. Eine Parallele zur Weihnachtsgeschichte des Lukasevangeliums mit den heiligen drei Königen ist von Borchert durchaus gewollt. Der Ort der Geschichte ist nicht angegeben, die Zeit könnte das erste Weihnachten nach dem Zweiten Weltkrieg, also 1945, sein.

Ein Mann sucht in einer zerbombten Vorstadt Holz und bringt es nach Hause in die eiskalte Wohnung, wo seine Frau mit einem neugeborenen Kind im Bett auf ihn wartet. Die Frau bittet ihn, nicht zu sprechen, weil das Kind gerade schläft. Daraufhin heizt der Mann den Ofen an, dessen Licht das Gesicht des Kindes kurz erhellt. Während der Mann wütend darüber ist, dass seine Frau und das Kind frieren müssen, vergleicht die Frau ihr Kind mit dem Jesuskind, weil sie den Lichtstrahl des Ofens mit einem Heiligenschein verbindet.

Das Zentrum der Erzählung bildet das Erscheinen der drei Soldaten, die sich in dem Zimmer kurz aufwärmen möchten. Der Mann sträubt sich wegen des Säuglings gegen den Besuch der drei Uniformierten, lässt sie aber trotzdem eintreten. Alle drei Soldaten sind durch den Krieg gezeichnet. Dem ersten sind die Hände erfroren, der zweite hat Wasser in den Beinen, der dritte ein Nervenleiden. Die Uniformierten bieten dem Mann etwas zu rauchen an und gehen wegen des Kindes mit dem Mann wieder vor die Tür. Draußen überreicht einer dem Mann einen geschnitzten Esel für das Kind. Sie unterhalten sich noch über ihre Verletzungen und treten dann wieder in das Zimmer ein, wo ein anderer Soldat der Frau zwei gelbe Bonbons schenkt.

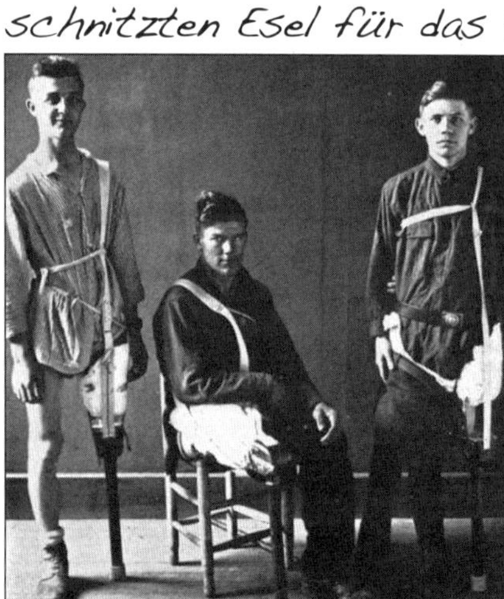

Die Erzählung erreicht ihren Höhepunkt, als sich die Männer über das Kind beugen und dieses so laut schreit, dass die Soldaten das Zimmer schnell verlassen. Während der Mann seine Wut vergessen hat, freut sich die Frau über die Lebendigkeit ihres Kindes und erinnert sich daran, dass Weihnachten ist.

Barbara Frank (M7)

D | Name: ______________________ | Datum: ________________

Eine Insel verändert ihr Gesicht

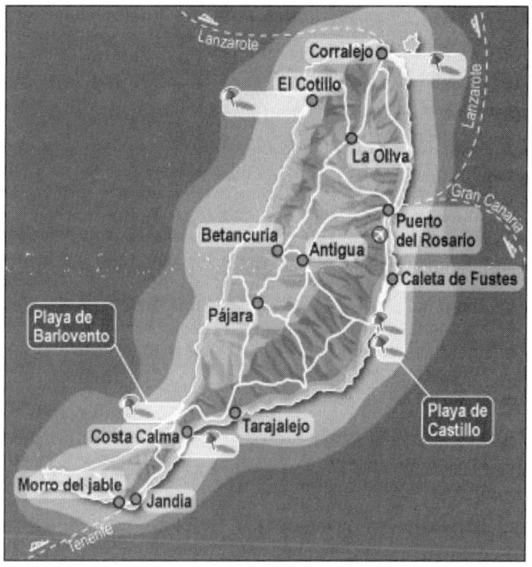

Auf Fuerteventura, nach Teneriffa die zweitgrößte der sieben spanischen Kanarischen Inseln, hat der Tourismus endgültig jede vorsorglich geplante Behördenschranke gesprengt. In knapp 30 Jahren erreichte er aus dem Stand nicht weniger als eine Million Urlauber pro Jahr. Das hat das Gesicht der Insel verändert, aber auch den Lebensstandard seiner Bewohner merklich angehoben. Heute leben die rund 40000 Einwohner ausschließlich von dem Geld, das die Gäste aus aller Welt nach Fuerteventura bringen. Alles begann 1968 mit dem Plan, auf der bis dahin unberührten, nur gelegentlich von Kreuzfahrtschiffen angelaufenen Insel ein Hotel zu errichten. Man wählte dazu einen Strand in der Nähe der Inselhauptstadt Rosario. Die ersten Urlauber waren vom kilometerlangen Strand begeistert, von der ewig scheinenden Sonne, dem Wein und dem freundlichen Hotelpersonal. Fuerteventura war zunächst ein Geheimtipp.

Heute hat Fuerteventura das ganze Jahr Saison, ein vorzüglich ausgebautes Netz geteerter Straßen und gut 60000 Hotelbetten, zum größten Teil in überdimensionalen Anlagen und fast ausschließlich an mindestens fünfzig Meter breitem Sandstrand. Im letzten Jahr kamen, obwohl die Touristikplaner als Ziel maximal 800000 Gäste anpeilten, mehr als eine Million auf die Insel, zum allergrößten Teil aus Deutschland. Für Gäste, die nicht nur in der Sonne braten wollen, gibt es genügend Möglichkeiten, die Insel kennenzulernen. Zum Beispiel bei einer Fahrt mit dem Segelschiff. Bei dieser Mini-Seereise ist der ungewöhnliche Charakter der Insel gut zu erkennen. Berge, die von Wind und Hitze und Regen abgetragen, in Schutt zerlegt und als kleine Brocken verstreut wurden, und dazwischen leuchtet der gelbe Sand, der aus der Sahara übers Meer herübergeweht worden ist. Jedes bessere Hotel, das etwas auf sich hält, veranstaltet für seine Gäste ab und zu einen Ausflug zu einer einsamen Bucht. Hier ist man der Natur am nächsten, dem grünblauen Meer, dem warmen Sand, den durchlöcherten Felsen; Gäste und Personal machen bei diesen Strandpartys begeistert mit. Sprachprobleme gibt es offensichtlich nicht mehr. Auch das ist ein Ergebnis der Insel-Umwandlung. Hier lebt man heute ausschließlich vom Fremdenverkehr. Die ursprünglich dominierende Landwirtschaft – Fuerteventura galt einst als Kornkammer der Kanarischen Inseln – beschränkt sich heute darauf, Tomaten und ein bisschen Gemüse für die Hotels zu liefern; alles andere, was man vor Jahr und Tag dem Boden abrang, ist wesentlich billiger zu importieren. Und so kommt es, dass auf Fuerteventura die Bauernhäuser verfallen und die Terrassen versanden. Selbst die alten Brunnen mit ihren charakteristischen Windrädern mussten diesem Wandel weichen. Von den rund 3000 Brunnen sind heute nur noch 25 in Betrieb. Das lebensnotwendige Wasser wird mittlerweile mit Hilfe von Meerwasser-Entsalzungsanlagen gewonnen. Für rund 3 Euro pro Kubikmeter wird es frei Hotel geliefert.

Doch weil es ein bisschen nach Meer schmeckt, blüht auf Fuerteventura auch der Handel mit Mineralwasser in Flaschen. Wassermangel ist aber nach wie vor das größte Problem auf der Insel. Es regnet nur selten und wenn, dann rauschen die Wassermassen auf den ausgedörrten Boden und versickern schnell wieder. Eine Talsperre sollte das ändern. Man plante lange und errichtete in der Nähe der einstigen Hauptstadt Betancuria einen Stausee. Der Damm hielt, aber das Wasser blieb nicht lange. Bei der Planung hatte man eine Kleinigkeit übersehen: Mit dem Wasser wurden auch Sand und Geröll gestaut. Heute sieht man den Stausee bis zur Krone gefüllt. Aber leider nur mit Sand.

© Nürnberger Nachrichten

Arbeitsaufgabe:

Gliedere den Text in Abschnitte und formuliere zu jedem Abschnitt eine Teilüberschrift, die den Inhalt zusammenfasst.

D	Name: ______________________	Datum: ____________________	

Inhaltsangabe
Eine Insel verändert das Gesicht

Arbeitsaufgaben:

❶ Finde passende Teilüberschriften.

❷ Schreibe eine Inhaltsangabe.

zu ❶

- Fuerteventura – ein Tourismusparadies
- Beginn des Tourismus 1968
- Tourismus auf Fuerteventura heute
- Landwirtschaft damals und heute
- Probleme der Insel
- Stausee – ein gescheitertes Projekt

zu ❷

Fuerteventura als zweitgrößte der sieben zu Spanien gehörenden Kanarischen Inseln lebt fast ausschließlich vom Tourismus. Jedes Jahr kommen mehr als eine Million Urlauber hierher, um die kilometerlangen Strände, die ständig scheinende Sonne und das freundliche Ambiente zu genießen. Begonnen hat alles 1968, als man in der Nähe der Hauptstadt Rosario ein Hotel baute. Heute wird den Gästen ein buntes Programm geboten, von Segeltouren, Inselwanderungen und Bootsausflügen bis hin zu trendigen Strandpartys. Dabei gibt es keine Sprachprobleme mehr, denn die meisten Einheimischen haben sich vor allem auf deutsche Touristen eingestellt.

Weil die meisten der 40000 Inselbewohner inzwischen vom Tourismus leben, bleibt die ursprünglich dominierende Landwirtschaft auf der Strecke. Brunnen versiegen, Bauernhäuser verfallen und sauberes Grundwasser wird rar, da es nur selten regnet. Wasser ist auf Fuerteventura ein kostbares Gut. Es ist sehr teuer, denn es wird inzwischen aus dem Meer mit Hilfe von Entsalzungsanlagen gewonnen. Das Projekt eines Stausees scheitert, weil sich dabei zu viel Sand und Geröll angesammelt hat.

Evelyn Palm (M7)

D | Name: ______________________ | Datum: ______________________

Nur die Marke zählt

Jede(r) kennt das morgendliche Problem: Was anziehen? Da spielen viele Aspekte eine Rolle. Zum Beispiel das Wetter, denn man will ja weder frieren noch mit Schweißflecken auftauchen. Gut aussehen soll es auch noch und den einen oder anderen vermeintlichen Fehler kaschieren. Ansprüche, die gewisse Jugendliche nicht interessieren.

Da zählt nur eines: Der „richtige“ Style. Was den auszeichnet? Für Christian gibt es da nur ein Kriterium: die passende Marke. Der 14-jährige Gymnasiast kann ohne „Markenklamotten, die zur Zeit in sind“, nicht leben. Diese Marken heißen für ihn nicht Levi‘s oder Diesel, denn er ist kein Normalo, er ist ein Skater und so will er auch aussehen. Aber „nachgemachte Skaterklamotten“ kommen überhaupt nicht in Frage.

Diesen Luxus lässt er sich auch gerne etwas kosten, für seinen monatlichen Textilkonsum von ungefähr 100 € hat er sich sogar einen Job gesucht. Beinahe sein komplettes Einkommen investiert er in den HipHop- und Skaterläden. Selbst Unterwäsche und Socken tragen die begehrten Embleme, „weil man dann das Ansehen hat, in der Schule und bei den Mädchen“. Christian ist davon überzeugt, dass er ohne seinen teuren Style auch keine Freundin gefunden hätte, die zwei Jahre älter ist als er.

Die HipHop-Kultur in Deutschland boomt und damit nicht nur die Musik, sondern auch – und vor allem – die Mode. Kein Schulhof, in dem sich nicht ein beträchtlicher Teil der Jungen in weiten Hosen, die erst kurz oberhalb der Kniekehlen beginnen, herumdrückt. Die einen nennen sich Skater, die anderen HipHopper, die dritten Sprayer, doch der Style ist bei allen gleich. Alles längst ein Trend und nicht mehr außergewöhnlich, doch die Kiddies halten sich für sehr individuell und auffällig.

Die Betreiber der „Fabrik“ haben das schnell erkannt. Vor sechs Jahren wurde der Laden eröffnet und hat sich – nicht nur in der „Szene“ – schnell etabliert. Die ganze Palette ist dort zu haben: Kleidung, Schuhe, Mützen und die nötigen Accessoires wie Ketten, Armbänder und Sprühfarben. Die meisten Kunden sind laut Geschäftsführer Michael Ordnung zwar Skater und HipHopper, aber es kommt auch eine beträchtliche Zahl von „normalen Leuten“. Er ist sich im Klaren, dass es sich bei seinem Angebot um einen Massentrend handelt. Allerdings sieht er auch Probleme, die das mit sich bringt: „Es herrscht ein wahnsinniger Gruppenzwang, und die Klamotten sind teuer, da fangen einige Kinder und Jugendliche an zu klauen.“ Regelmäßig werden in seinem Laden Jugendliche erwischt und angezeigt ...

Victoria Robinson © Nürnberger Nachrichten

Arbeitsaufgabe:
Fasse den Inhalt des Textes in einigen Sätzen zusammen. Verwende dazu die angegebenen Stichwörter.

Wahl der richtigen Kleidung – Style wichtig – Skater Christian als Beispiel – nur Markenkleidung zählt – Markenkleidung ist teuer – steigendes Ansehen in der Schule/bei Mädchen – HipHop-Kultur boomt – Szeneladen „Fabrik“ – Problem Gruppenzwang – Markenkleidung verleitet zum Stehlen

Die Dynamitpatrone
(Hanns Geck)

Perschke stapfte durch das Gras. Die untergehende Sonne schien schräg zwischen den Bäumen hindurch und ließ die Stämme in flimmerndem Goldglanz aufleuchten. Die Luft war noch erfüllt von Vogelgezwitscher, und in den letzten Sonnenstrahlen summten und tanzten die Mücken. Einige Zitronenfalter saßen schon müde auf den Blüten und Halmen. Ihre Flügel zitterten leicht in dem abendlichen Lufthauch.

Perschke beachtete das alles weniger, jedenfalls berührte es ihn nicht sonderlich und konnte ihn kaum von seinen finsteren Gedanken ablenken. Tyras, der alte Bernhardinerhund, zottelte folgsam neben ihm her. Er ließ die Zunge weit aus dem Halse hängen und blickte ununterbrochen, wie um eine kurze Rast bittend, zu ihm auf. Perschke regierte aber nicht auf dieses stumme Betteln, sondern ging entschlossen weiter. Er bog in einen schmalen Pfad ein, in dem die Stämme der Buchen und Eichen näher zusammenrückten und hohe Farnkräuter wuchsen. Unter dem linken Arm geklemmt trug er ein kleines Paket. Äußerlich sah es wie eine schmal zusammengefaltete dickere Zeitung aus. Jedesmal, wenn er darauf blickte, sah er auch zu Tyras, der für jede dieser kurzen Beachtungen mit freudigem Schweifwedeln dankte.

So führte Perschkes Weg immer tiefer in den Wald zu einer bestimmten einsamen Stelle. Seine Schritte waren auf dem weichen, stellenweise mit Moos bewachsenen Boden kaum noch zu hören. Die Schatten wurden allmählich dunkler, und die abendliche Stille des Waldes breitete sich immer mehr aus. Er ging jetzt mit Tyras zwischen dicht stehenden hohen Fichten über einen dicken Nadelteppich, der bei jedem Schritt leicht einsank. Und dann trat er auf eine größere Lichtung, wo das Abendlicht noch leuchtete und der Himmel von rötlicher Farbenglut überflutet war.

„Komm, Tyras", sagte Perschke und blieb vor einem am Boden liegenden Baumstamm stehen, „hier wartest du, bis ich zurückkomme."

Tyras sah aufmerksam zu, wie Perschke eine Leine aus seiner Jackentasche nahm und ihn damit an dem Baumstamm festband. Er war es eigentlich nicht gewohnt, angeleint zu werden, wenn er einmal warten musste, doch ließ er alles willig mit sich geschehen. Er sah Perschke nur etwas traurig und vorwurfsvoll an. Auch als dieser nun die Zeitung auseinanderfaltete, eine Dynamitpatrone herausnahm und sie ihm auf dem Rücken befestigte, sträubte er sich nicht, obwohl ihn eine leichte Unruhe erfasste. Perschkes Verhalten ließ keinen Zweifel mehr über seine Absichten aufkommen: Er wollte den schon alten Hund, der ihm wohl nur noch eine Last war, mit dieser Dynamitpatrone töten. Da er in einer chemischen Fabrik arbeitete, wo diese „Dinger" hergestellt wurden, war es vielleicht weniger verwunderlich, dass er gerade diesen Tod für ihn gewählt hatte, zumal er gewiss annahm, dass alles schnell und schmerzlos vor sich gehen würde.

Tyras sah ihn wieder bettelnd und zugleich in jäh aufsteigender Angst an, als wittere er die Gefahr, die ihm drohte. Perschke strich ihm flüchtig über das zottige Fell, steckte – für Tyras unbemerkt – mit seinem Feuerzeug die Zündschnur an und befahl ihm, sich hinzulegen. „Brav sein, Tyras!", ermahnte er ihn und entfernte sich hastig. Tyras sprang auf und folgte ihm, so weit es die Leine zuließ. Er jaulte leise, wurde immer unruhiger, zerrte an seiner Fessel und riss sich dann mit heftigem Ruck los. Perschke hatte diese Reaktion Tyras' nicht erwartet und zweifellos dessen Kräfte unterschätzt. Als er sich umwandte, sah er ihn schon dicht hinter sich laufen. „Setzen, Tyras, setzen!", rief er. Doch Tyras hörte nicht auf diesen Befehl. Mit der Dynamitpatrone auf dem Rücken, die brennende Zündschnur hinter sich her schleifend, sprang er an ihm hoch. Für einen Moment schien Perschke in lähmendem Entsetzen zu erstarren. Dann rannte er völlig kopflos davon. Ohne jede Überlegung lief er in einen schmalen, unübersichtlichen Nebenweg hinein, stolperte über die aus dem Boden ragenden Baumwurzeln, stürzte durch dichtes Gebüsch hindurch und riss sich an dem dornigen Gestrüpp Gesicht und Hände blutig.

All das geschah in wenigen Sekunden. In der Enge des Gebüsches drängte sich Tyras ängstlich an ihn und sprang, wieder auf freiem Waldweg, bellend an ihm hoch. Der brennende Funke der Zündschnur fraß sich schnell weiter. Schon hatte er seinen Weg in Tyras' dichtes Fell gefunden und quälte ihn mit seinem brennenden Schmerz. Wohl nur Sekunden noch, dann musste der Funke das Dynamit erreicht haben.

Perschke war kreidebleich geworden und sah verzweifelt nach einem Ausweg suchend umher. Kalter Schweiß brach ihm aus allen Poren. Seine Blicke jagten irre umher. Aber es gab keinen Ausweg, keine Rettung mehr für ihn: Mit Tyras zusammen würde er von dem Dynamit zerfetzt werden. Diese Erkenntnis blockierte sein weiteres Denken, ja drohte ihn um den Verstand zu bringen und hetzte ihn in panischer Angst vorwärts. Wie ein Irrlicht sah er zwischen den Bäumen die spiegelnde Wasserfläche eines Weihers und rannte verzweifelt darauf zu. Er wusste, dass dies keine Rettung bedeutete. Als Nichtschwimmer würde er darin sofort ertrinken. Aber es blieb ihm keine Zeit mehr zum Überlegen, das Dynamit musste jeden Augenblick explodieren. Da stürzte er sich einfach wie von Sinnen in den Weiher hinein.

Das Wasser spritzte hoch auf und schlug über seinem Kopf zusammen. Sein gurgelnder Hilfeschrei drang nicht weit durch den menschenleeren Wald. Dann wurde es wieder stiller, nur das Wasser wogte noch heftig von dem verzweifelten, hoffnungslosen Kampf Perschkes um sein bisschen Leben. Tyras sah, wie Perschke elendig zu ertrinken drohte, und folgte ihm mit einem mächtigen Sprung. In kurzen, raschen Stößen durchschwamm er das Wasser zu dem Ertrinkenden und biss sich in dessen Kleidung fest. Perschkes Kräfte hatten schon nachgelassen; er war kaum noch bei Besinnung, als Tyras nun mühsam mit ihm unter äußerster Anstrengung zurückschwamm.

Nachdem er ihn ans Ufer gezogen hatte und Perschke allmählich wieder zu sich kam, sah Tyras ihn freudig mit wedelndem Schweif, wenn auch noch völlig erschöpft, an. Da schoss Perschke die Schamröte ins Gesicht. Zitternd nahm er Tyras die nasse Dynamitpatrone mit dem erloschenen winzigen Rest der Zündschnur vom Rücken. „Komm, Tyras", sagte er nach einer Weile und erhob sich noch etwas unsicher, „jetzt sind wir wieder vernünftig." Und langsam ging er mit dem treulich neben ihm herlaufenden Tyras wieder zurück durch den abendlich stillen Wald.

D	Name: ______________________	Datum: ______________________

Inhaltsangabe
Die Dynamitpatrone (Hanns Geck)

Arbeitsaufgaben:

❶ Verbinde die Teilüberschriften in der richtigen Rangfolge.
❷ Erstelle eine Inhaltsangabe. Formuliere einen einleitenden Basissatz.

zu ❶

1 •	• Perschke rennt schnell weg.
2 •	• Perschke springt kopfüber in den Weiher.
3 •	• Perschke schämt sich und geht mit Tyras wieder nach Hause.
4 •	• Tyras springt hinterher und die Lunte erlischt.
5 •	• Perschke bindet Tyras an einem Baum tief im Wald fest.
6 •	• Perschke trägt die Patrone in Papier eingewickelt bei sich.
7 •	• Tyras reißt sich los.
8 •	• Perschke kann nicht schwimmen.
9 •	• Perschke und sein alter Bernhardinerhund Tyras gehen in den Wald.
10 •	• Perschke bindet die Patrone auf dem Rücken des Hundes fest.
11 •	• Tyras rennt seinem Herrn hinterher.
12 •	• Tyras rettet seinen Herrn vor dem Ertrinken.
13 •	• Perschke steckt die Zündschnur an.
14 •	• Perschke will Tyras mit einer Dynamitpatrone töten.

zu ❷

D | Name: ____________________ | Datum: ____________________

Inhaltsangabe
Die Dynamitpatrone (Hanns Geck)

Arbeitsaufgaben:

❶ Verbinde die Teilüberschriften in der richtigen Rangfolge.

❷ Erstelle eine Inhaltsangabe. Formuliere einen einleitenden Basissatz.

zu ❶

1	Perschke rennt schnell weg.
2	Perschke springt kopfüber in den Weiher.
3	Perschke schämt sich und geht mit Tyras wieder nach Hause.
4	Tyras springt hinterher und die Lunte erlischt.
5	Perschke bindet Tyras an einem Baum tief im Wald fest.
6	Perschke trägt die Patrone in Papier eingewickelt bei sich.
7	Tyras reißt sich los.
8	Perschke kann nicht schwimmen.
9	Perschke und sein alter Bernhardinerhund Tyras gehen in den Wald.
10	Perschke bindet die Patrone auf dem Rücken des Hundes fest.
11	Tyras rennt seinem Herrn hinterher.
12	Tyras rettet seinen Herrn vor dem Ertrinken.
13	Perschke steckt die Zündschnur an.
14	Perschke will Tyras mit einer Dynamitpatrone töten.

zu ❷

In der Kurzgeschichte „Die Dynamitpatrone" erzählt der Autor Hanns Geck von einem Mann namens Perschke, der seinen alten Bernhardinerhund Tyras mit einer Dynamitpatrone töten will. Über Ort und Zeit der Geschichte ist nichts bekannt.

Perschke geht mit Tyras tief in den Wald hinein und bindet seinen Hund an einen Baumstamm. Dann macht er die Patrone, die er aus einer Chemiefabrik, in der er arbeitet, mitgebracht hat, auf Tyras Rücken fest und zündet sie an. Perschke rennt schnell weg, doch der treue Hund will ihm folgen und reißt sich los. Der Mann rennt in immer dichter werdendes Buschwerk, doch sein Hund bleibt ihm auf den Fersen. Die Glut der Zündschnur erreicht in wenigen Augenblicken die Dynamitpatrone. Da erblickt Perschke einen Weiher und

springt kopfüber ins Wasser, obwohl er Nichtschwimmer ist. Tyras springt hinterher. Dabei erlischt die Lunte. Der alte Hund zieht seinen Herrn ans Ufer, ehe dieser ertrinken kann. Perschke schämt sich für seine Tat und geht mit seinem Hund langsam nach Hause.

Lisa Spanknebel (M8)

Die Probe
(Herbert Malecha)

Redluff sah, das schrille Quietschen der Bremsen noch in den Ohren, wie sich das Gesicht des Fahrers ärgerlich verzog. Mit zwei taumeligen Schritten war er wieder auf dem Gehweg. „Hat es Ihnen was gemacht?“ Er fühlte sich am Ellbogen angefasst. Mit einer fast brüsken Bewegung machte er sich frei. „Nein, nein, schon gut. Danke“, sagte er noch, beinah schon über die Schulter, als er merkte, dass ihm der Alte nachstarrte.
Eine Welle von Schwäche stieg von seinen Knien auf, wurde fast zur Übelkeit. Das hätte ihm gerade gefehlt, angefahren auf der Straße liegen, eine gaffende Menge und dann die Polizei. Er durfte jetzt nicht schwach werden, nur weiterlaufen, unauffällig weiterlaufen zwischen den vielen Menschen auf der hellen Straße. Langsam ließ das Klopfen im Halse nach. Seit drei Monaten war er zum erstenmal wieder in der Stadt, zum erstenmal wieder unter so viel Menschen. Ewig konnte er in dem Loch sich ja nicht verkriechen, er musste einmal wieder raus, wieder Kontakt aufnehmen mit dem Leben, überhaupt raus aus allem. Ein Schiff musste sich finden lassen, möglichst noch, bevor es Winter wurde. Seine Hand fuhr leicht über die linke Brustseite seines Jacketts, er spürte den Pass, der in der Innentasche steckte; gute Arbeit war dieser Pass, er hatte auch nicht schlecht dafür bezahlt.
Die Autos auf der Straße waren zu einer langen Kette aufgefahren. Nur stockend schoben sie sich vorwärts. Menschen gingen an ihm vorbei, kamen ihm entgegen; er achtete darauf, dass sie ihn nicht streiften. Einem Platzregen von Gesichtern war er ausgesetzt, fahle Ovale, die sich mit dem wechselnden Reklamelicht verfärbten. Redluff strengte sich an, den Schritt der vielen anzunehmen, mitzuschwimmen in dem Strom. Stimmen, abgerissene Gesprächsfetzen schlugen an sein Ohr, jemand lachte. Für eine Sekunde haftete sein Blick an dem Gesicht einer Frau, ihr offener, bemalter Mund sah schwarzgerändert aus. Die Autos fuhren jetzt an, ihre Motoren summten auf. Eine Straßenbahn schrammte vorbei. Und wieder Menschen, Menschen, ein Strom flutender Gesichter, Sprechen und hundertfache Schritte. Redluff fuhr unwillkürlich mit der Hand an seinen Kragen. An seinem Hals merkte er, dass seine Finger kalt und schweißig waren. Wovor habe ich denn eigentlich Angst, verdammte Einbildung, wer soll mich denn schon erkennen in dieser Menge, sagte er sich. Aber er spürte nur zu genau, dass er in ihr nicht eintauchen konnte, dass er wie ein Kork auf dem Wasser tanzte, abgestoßen und weitergetrieben. Ihn fror plötzlich. Nichts wie verdammte Einbildung, sagte er sich wieder. Vor drei Monaten war das ja noch anders, da stand sein Name schwarz auf rotem Papier auf jeder Anschlagsäule zu lesen, Jens Redluff; nur gut, dass das Foto so schlecht war. Der Name stand damals fett in den Schlagzeilen der Blätter, wurde dann klein und kleiner, auch das Fragezeichen dahinter, rutschte in die letzten Spalten und verschwand bald ganz.
Redluff war jetzt in eine Seitenstraße abgebogen, der Menschenstrom wurde dünner, noch ein paar Abbiegungen, und die Rinnsale lösten sich auf, zerfielen in einzelne Gestalten, einzelne Schritte. Hier war es dunkler. Er konnte den Kragen öffnen und die Krawatte nachlassen. Der Wind brachte einen brackigen Lufthauch vom Hafen her. Ihn fröstelte.
Ein breites Lichtband fiel quer vor ihm über die Straße, jemand kam aus dem kleinen Lokal, mit ihm ein Dunst nach Bier, Qualm und Essen. Redluff ging hinein. Die kleine, als Café aufgetakelte Kneipe war fast leer, ein paar Soldaten saßen herum, grelle Damen in ihrer Gesellschaft. Auf den kleinen Tischen standen Lämpchen mit pathetisch roten Schirmen. Ein Musikautomat begann aus der Ecke zu hämmern. Hinter der Theke lehnte ein dicker Bursche mit bloßen Armen. Er schaute nur flüchtig auf. „Konjak, doppelt“, sagte Redluff zu dem Kellner. Er merkte, dass er seinen Hut noch in der Hand hielt und legte ihn auf den leeren Stuhl neben sich. Er steckte sich eine Zigarette an, die ersten tiefen Züge machten ihn leicht benommen. Schön warm war es hier, er streckte seine Füße lang aus. Die Musik hatte gewechselt. Über gezogen jaulenden Gitarretönen hörte er halblautes Sprechen, ein spitzes Lachen vom Nachbartisch. Gut saß es sich hier.
Der Dicke hinter der Theke drehte jetzt seinen Kopf nach der Tür. Draußen fiel eine Wagentür schlagend zu. Gleich darauf kamen zwei Männer herein, klein und stockig der eine davon. Er blieb in der Mitte stehen, der andere, im langen Ledermantel, steuerte auf den Nachbartisch zu. Keiner von beiden nahm seinen Hut ab. Redluff versuchte hinüberzuschielen, es durchfuhr ihn. Er sah, wie der Große sich über den Tisch beugte, kurz etwas Blinkendes in der Hand hielt. Die Musik hatte ausgesetzt.

„What's he want?", hörte er den Neger vom Nebentisch sagen. „What's he want?" Er sah seine wulstigen Lippen sich bewegen. Das Mädchen kramte eine bunte Karte aus ihrer Handtasche. „What's he want?", sagte der Neger eigensinnig. Der Mann war schon zum nächsten Tisch gegangen. Redluff klammerte sich mit der einen Hand an die Tischkante. Er sah, wie die Fingernägel sich entfärbten. Der rauchige Raum schien ganz leicht zu schwanken, ganz leicht. Ihm war, als müsste er auf dem sich neigenden Boden jetzt langsam samt Tisch und Stuhl auf die andere Seite rutschen. Der Große hatte seine Runde beendet und ging auf den anderen zu, der immer noch mitten im Raum stand, die Hände in den Manteltaschen. Redluff sah, wie er zu dem Großen etwas sagte. Er konnte es nicht verstehen. Dann kam er geradewegs auf ihn zu. „Sie entschuldigen", sagte er, „Ihren Ausweis, bitte!" Redluff schaute erst gar nicht auf das runde Metall in seiner Hand. Er drückte seine Zigarette aus und war plötzlich völlig ruhig. Er wusste es selbst nicht, was ihn mit einmal so ruhig machte, aber seine Hand, die in die Innentasche seines Jacketts fuhr, fühlte den Stoff nicht, den sie berührte, sie war wie von Holz. Der Mann blätterte langsam in dem Pass, hob ihn besser in das Licht. Redluff sah die Falten auf der gerunzelten Stirn, eins, zwei, drei. Der Mann gab ihm den Pass zurück. „Danke, Herr Wolters", sagte er. Aus seiner unnatürlichen Ruhe heraus hörte Redluff sich selber sprechen. „Das hat man gern, so kontrolliert werden wie –", er zögerte etwas, „ein Verbrecher!" Seine Stimme stand spröde im Raum. Er hatte doch gar nicht so laut gesprochen. „Man sieht manchmal jemand ähnlich", sagte der Mann, grinste, als hätte er einen feinen Witz gemacht. „Feuer?" Er fingerte eine halbe Zigarre aus der Manteltasche. Redluff schob seine Hand mit dem brennenden Streichholz längs der Tischkante ihm entgegen. Die beiden gingen.
Redluff lehnte sich in seinen Stuhl zurück. Die Spannung in ihm zerbröckelte, die eisige Ruhe schmolz. Er hätte jubeln können. Das war es, das war die Probe, und er hatte sie bestanden. Triumphierend setzte der Musikautomat wieder ein. „He, Sie vergessen Ihren Hut", sagte der Dicke hinter der Theke. Draußen atmete er tief, seine Schritte schwangen weit aus, am liebsten hätte er gesungen.
Langsam kam er wieder in belebtere Straßen, die Lichter nahmen zu, die Läden, die Leuchtzeichen an den Wänden. Aus einem Kino kam ein Knäuel Menschen, sie lachten und schwatzten, er mitten unter ihnen. Es tat ihm wohl, wenn sie ihn streiften. „Hans", hörte er eine Frauenstimme hinter sich, jemand fasste seinen Arm. „Tut mir leid", sagte er und lächelte in das enttäuschte Gesicht. Verdammt hübsch, sagte er zu sich. Im Weitergehen nestelte er an seiner Krawatte. Dunkelglänzende Wagen sangen über den blanken Asphalt, Kaskaden wechselnden Lichts ergossen sich von den Fassaden, Zeitungsverkäufer riefen die Abendausgaben aus. Hinter einer großen, leicht beschlagenen Spiegelglasscheibe sah er undeutlich tanzende Paare; pulsierend drang die Musik abgedämpft bis auf die Straße. Ihm war wie nach Sekt. Ewig hätte er so gehen können, so wie jetzt. Er gehörte wieder dazu, er hatte den Schritt der vielen, es machte ihm keine Mühe mehr. Im Sog der Menge ging er über den großen Platz auf die große Halle zu mit ihren Ketten von Glühlampen und riesigen Transparenten. Um die Kassen vor dem Einlass drängten sich Menschen. Von irgendwoher flutete Lautsprechermusik. Stand dort nicht das Mädchen von vorhin? Redluff stellte sich hinter sie in die Reihe. Sie wandte den Kopf, er spürte einen Hauch von Parfüm. Dicht hinter ihr zwängte er sich durch den Einlass. Immer noch flutete die Musik, er hörte ein Gewirr von Hunderten von Stimmen. Ein paar Polizisten suchten etwas Ordnung in das Gedränge zu bringen. Ein Mann in einer Art Portiersuniform nahm ihm seine Einlasskarte ab. „Der, der", rief er auf einmal und deutete aufgeregt hinter ihm her. Gesichter wandten sich, jemand im schwarzen Anzug kam auf ihn zu, ein blitzendes Ding in der Hand. Gleißendes Scheinwerferlicht übergoss ihn. Jemand drückte ihm einen Riesenblumenstrauß in die Hände. Zwei strahlend lächelnde Mädchen hakten ihn rechts und links unter, Fotoblitze zuckten. Und zu allem dröhnte eine geölte Stimme, die vor innerer Freudigkeit fast zu bersten schien: „Ich darf Ihnen im Namen der Direktion von ganzem Herzen gratulieren, Sie sind der hunderttausendste Besucher der Ausstellung!" Redluff stand wie betäubt. „Und jetzt sagen Sie uns Ihren werten Namen", schmalzte die Stimme unwiderstehlich weiter. „Redluff, Jens Redluff", sagte er, noch ehe er wusste, was er sagte, und schon hatten es die Lautsprecher dröhnend bis in den letzten Winkel der riesigen Halle getragen. Der Kordon der Polizisten, der eben noch die applaudierende Menge zurückgehalten hatte, löste sich langsam auf. Sie kamen auf ihn zu.

Aus: Die Probe. Die 16 besten Kurzgeschichten aus dem Preisausschreiben der Wochenzeitung DIE ZEIT
© Marion-von-Schröder-Verlag, Hamburg 1955 (S. 21-27)

D	Name: ____________________	Datum: ____________________

Inhaltsangabe
Die Probe (Herbert Malecha)

Arbeitsaufgaben:

❶ Welcher Basissatz ist der bessere. Begründe

❷ Gegen welche Regeln wurde in dem folgenden Textabschnitt verstoßen?

❸ Erstelle eine knapp gehaltene Inhaltsangabe.

zu ❶

① In der Erzählung „Die Probe“ von Herbert Malecha geht es um einen Mann namens Redluff, der festgenommen wird, als er seinen Namen nennt. Die Geschichte ist zeitlos, der Ort ist eine größere Stadt.

② In seiner Kurzgeschichte „Die Probe“ erzählt Herbert Malecha von einem Mann namens Jens Redluff, der als steckbrieflich gesuchter Mörder seine erste Probe besteht, bei der zweiten aber versagt und festgenommen wird. Malecha verlegt die Handlung in eine Großstadt, wobei von ihm keine Zeit angegeben wird.

zu ❷ Redluff zitterte, als die beiden Polizisten auf ihn zukamen. „Ihren Ausweis!“, fordert der Kleinere von beiden. Redluff zeigt ihm den Ausweis. Die Männer bedankten sich und verlassen das Lokal. Redluff hätte jubeln können. Das war es, das war die Probe, und er hatte sie bestanden. Triumphierend setzte der Musikautomat wieder ein.

zu ❸

D	Name: ______________________________	Datum: ______________________

Inhaltsangabe
Die Probe (Herbert Malecha)

Arbeitsaufgaben:

❶ Welcher Basissatz ist der bessere. Begründe

❷ Gegen welche Regeln wurde in dem folgenden Textabschnitt verstoßen?

❸ Erstelle eine knapp gehaltene Inhaltsangabe.

zu ❶

① In der Erzählung „Die Probe“ von Herbert Malecha geht es um einen Mann namens Redluff, der festgenommen wird, als er seinen Namen nennt. Die Geschichte ist zeitlos, der Ort ist eine größere Stadt.

② In seiner Kurzgeschichte „Die Probe“ erzählt Herbert Malecha von einem Mann namens Jens Redluff, der als steckbrieflich gesuchter Mörder seine erste Probe besteht, bei der zweiten aber versagt und festgenommen wird. Malecha verlegt die Handlung in eine Großstadt, wobei von ihm keine Zeit angegeben wird.

zu ❷ Redluff zitterte, als die beiden Polizisten auf ihn zukamen. „Ihren Ausweis!“, fordert der Kleinere von beiden. Redluff zeigt ihm den Ausweis. Die Männer bedankten sich und verlassen das Lokal. Redluff hätte jubeln können. Das war es, das war die Probe, und er hatte sie bestanden. Triumphierend setzte der Musikautomat wieder ein.

Eine Inhaltsangabe muss in der Gegenwart abgefasst sein. Auf keinen Fall darf die wörtliche Rede verwendet werden. Wichtig ist auch, dass man sich von der Textvorgabe lösen muss. Ein wörtliches Übernehmen von Textstellen ist nicht gestattet.

zu ❸

In der Kurzgeschichte „Die Probe“ von Herbert Malecha geht es um einen von der Polizei gesuchten Mörder namens Redluff, der durch einen Fehler sich selbst verrät und verhaftet wird. Ort und Zeit sind nicht genannt.

Der steckbrieflich gesuchte Mörder Redluff hat sich drei Monate lang versteckt und wagt sich zum ersten Mal in die Stadt. Er will mit einem falschen, auf den Namen Wolters lautenden Pass per Schiff aus dem Land fliehen. In einem Lokal wird Redluff von zwei Polizisten überprüft. Er verhält sich ausgesprochen cool, wird nicht erkannt und freut sich, die Probe bestanden zu haben. Gelöst mischt er sich unter die Menschenmenge und kauft sich einer Eintrittskarte zu einer Ausstellung. Als ein Vertreter der Direktion ihn als hunderttausendsten Besucher ausruft, ihm einen Blumenstrauß aushändigt und

ihn unter dem Scheinwerferlicht per Mikrofon nach seinem Namen fragt, nennt Redluff wie betäubt seinen richtigen Namen. Kaum gesagt, kommen die in der Ausstellung stehenden Polizisten auf ihn zu. Damit hat Redluff die Probe doch nicht bestanden.

Liane Gayr (8d)

Zwei Männer
(Günther Weisenborn)

Als der Wolkenbruch, den sich der argentinische Himmel damals im Februar leistete, ein Ende gefunden hatte, stand das ganze Land unter Wasser. Und unter Wasser standen die Hoffnungen des Pflanzers von Santa Sabina. Wo ein saftgrünes Vermögen in Gestalt von endlosen Teefeldern mit mannshohen Yerbabüschen gestanden hatte, dehnte sich morgens ein endloses Meer. Der Farmer war vernichtet, das wusste er. Er saß auf einer Maiskiste neben seinem Haus und zählte die fetten Blasen, die an seine Schuhe trieben und dort zerplatzten. Das Maisfeld glich einem See. Der Rancho des Peonen war darin verschwunden. Sein Schilfdach trieb im Strom davon, eine nickende Straußenleiche vor sich herschiebend. Der Peon hatte sich zu seinem Herrn geflüchtet und saß neben ihm. Er war ein Indio, der mit breitem, eisernem Gesicht ins Leere starrte. Seine Frau war ertrunken, als sie sich losließ, um ihre Hände zur Madonna zu erheben. Der Peon hatte drei Blasen gezählt. Ihre Hand hatte die letzte Blase zerschlagen.

Der Farmer hatte seine Frau in der Stadt. Sie würde vergeblich auf seinen Schritt vor der Tür warten. Denn der Farmer gab sich noch eine Nacht. Es ist unter Männern Brauch, dass man sich in gewissen Lagen die letzte Zigarette teilt. Der Farmer, im Begriff, nach Mannesart zu handeln, wurde von seinem Peonen unterbrochen. „Herr!", rief der Indio. „Der Paraná! Der Strom kommt... !" Er hatte recht. Man hörte in der Ferne ein furchtbares Donnern. Der Paraná, angeschwollen von Wasser und Wind, brach in die Teeprovinzen ein. Paraná, das heißt der größte Strom Argentiniens. Dieses Donnern war das Todesurteil für die Männer von Santa Sabina. Sie verstanden sich auf diese Sprache, die Männer. Sie hatten tausendmal dem Tod ins Auge gesehen. Sie hatten das Weiße im Auge des Pumas gesehen und der Korallenschlange ins kaltstrahlende Gesicht. Sie hatten dem Jaguar gegenübergestanden und der großen Kobra, die sich blähte. Sie hatten alle diese Begegnungen für sich entschieden, denn ihr Auge war kalt und gelassen ihre Hand. Jetzt aber halfen keine Patronen und kein scharfes Auge. Dieser Feind hier, das Wasser, war bösartig wie hundert Schlangen, die heranzischten, und todesdurstig wie der größte Puma auf dem Ast. Man konnte das Wasser schlagen, es wuchs. Man konnte hineinschießen, es griff an. Es biss nicht, es stach nicht, das Wasser, es suchte sich nur mit kalten Fingern eine Stelle am Mann, seinen Mund, um ihn anzufüllen, bis Blasen aus der Lunge quollen. Das Wasser war gelb und lautlos. Und man sah vor Regen den Himmel nicht.

Auf einer kleinen Insel, halb unsichtbar in der triefenden Finsternis, saß der Farmer mit seinem Peonen vor seinem Haus.

Dann kam der große Paraná. Er kam nicht mit Pauken und Posaunen. Nein, man merkte ihn gar nicht. Aber plötzlich stand der Schuh des Farmers im Wasser, weiß der Teufel ... Und wenn man die Maiskiste zurücksetzte, so musste man sie bald noch ein wenig zurücksetzen, denn kein Mann sitzt gern im Wasser. Das war alles, aber das war der Paraná. Gegen Abend fiel das Hühnerhaus um. Man hörte das halberstickte Kreischen der Vögel, dann war es wieder still. Später zischte es plötzlich im Wohnhaus auf, denn das Wasser war in den Herd gedrungen.

Als es dunkel wurde, standen der Farmer und sein Peon bereits bis zum Bauch im Wasser. Sie kletterten auf das Schilfdach. Dort auf dem Gipfel saßen sie schweigend, dunkle Schatten in der dunkelsten aller Nächte, indes Töpfe und Kästen aus den Häusern hinausschwammen. Ein Stuhl stieß unten das Glasfenster in Scherben. Das Wasser rauschte. Die Blasen platzten. Ein totes Huhn schwamm im Kreis vor der Haustür.

Als das Wasser das Dach erreicht hatte, stieß es die Hausmauern nachlässig um. Das Dach stürzte von den gebrochenen Pfosten, schaukelte und krachte, dann drehte es sich um sich selbst und trieb in die rauschende Finsternis hinaus.

Das Dach ging einen langen Weg. Es fuhr kreisend zu Tal. Es trieb am Rande der großen Urwälder vorbei. Es segelte durch eine Herde von Rindern, die mit himmelwärts gestreckten Beinen totenstill auf dem wirbelnden Wasser trieben. Glotzäugige Fische schossen vor dem Schatten des Daches davon. Schwarze Aasgeier trieben, traubenweise an ein Pferd gekrallt, den Strom hinab. Sie blickten mordlustigen Auges herüber ... Blüten, Möbel und Leichen vereinigten sich zu einem Zug des Todes, der talwärts fuhr, einem undurchsichtigen Ende entgegen.

Gegen Morgen richtete sich der Farmer auf und befahl seinem Peonen, nicht einzuschlafen. Der Indio verwunderte sich über die harte Stimme seines Herrn. Er wäre bedenkenlos dem Farmer um die Erde gefolgt. Er war Indio und wusste, was ein Mann ist. Aber er wusste auch, dass ein Mann ein schweres Gewicht hat. Wenn nur ein Mann auf dem Dach sitzt, so hält es natürlich länger, nicht wahr, als wenn es unter dem schweren Gewicht zweier Männer auseinanderbricht und versinkt. Und dann gute Nacht ...
Er glaubte nicht, dass der Farmer gutwillig das Dach verlassen würde, aber man konnte ihn hinunterkippen, denn es ging hier um Leben und Tod. Das dachte der Indio, und er rückte näher. Sein Gesicht war steinern, es troff von Regen. Das Dach würde auf keinen Fall mehr bis zum Morgen schwimmen. Jetzt schon brachen einzelne Bündel ab und schwammen nebenher. Die Männer mitten auf dem furchtbaren Strom wussten nicht, wo sie waren. Dichter Nebel fuhr mit ihnen. Ringsum das Wasser schien stillzustehen. Fuhren sie im Kreis? Sie wussten es nicht. Sie sahen sich an.
Da folgte der Farmer dem Brauch aller Männer, zog seine letzte Zigarette, brach sie in zwei Teile und bot dem Indio eines an. Sie rissen das Papier ab und kauten den Tabak, da sie kein Feuer hatten.
Er ist ein guter Kamerad, dachte der Peon. Es hat keinen Zweck. Es soll alles seinen Weg gehen. Als er den würzigen Geschmack des Tabaks fühlte, wurde aus der Feindschaft langsam ein Gefühl der Treue. Was willst du? Der Peon hatte seine Frau verloren und sein Kind. Sie hatte die letzte Blase ihres Atems mit ihrer Hand zerschlagen. Er hatte nichts mehr, was ihn zu leben verlockte. Das Schilfdach sank immer tiefer. Wenn er selbst ins Wasser sprang, hielt das Dach vielleicht noch und trug seinen Herrn bis zum Morgen.
Der Dienst ist aus, adios, Señor! Der Peon kletterte über den Giebel bis an den Rand des Daches, als er plötzlich im dunklen Wasser Kaimane rauschen sah, Jaquares, die ihn aufmerksam anstarrten. Zum erstenmal verzog der Indio sein Gesicht, dann hielt er den Atem an und sprang. Aber er wurde im selben Moment von seinem Herrn gehalten, der ihn wieder aus dem Wasser zog und seinen Peonen zornglühend anschrie. Kreideweiß, mit rot geränderten Augen und triefenden Haaren, beugte sich der Farmer über ihn, nannte ihn den Vater allen Unsinns und rüttelte ihn. Dann befahl er ihm, seinen Platz einzunehmen und den Mut nicht zu verlieren, verdammt noch mal ...!
Gegen Morgen trieben sie an Land, sprangen über Baumäste und wateten stundenlang, bis sie ins Trockene kamen. Sie klopften den Boden mit Stöcken nach Schlangen ab, und ehe sie sich zum Schlafen in das Maisfeld legten, sagte der Farmer:
„Morgen gehen wir zurück und fangen wieder an."
„Bueno", sagte der Indio. Der Regen hörte auf.

Wolfgang Weyrauch (Hrsg.): Tausend Gramm. Sammlung neuer deutscher Geschichten.

D	Name: ____________________	Datum: ____________________	

Inhaltsangabe
Zwei Männer (Günther Weisenborn)

Zeichnung: Anne-Christin Weber

Arbeitsaufgaben:

❶ Formuliere einen aussagekräftigen Basissatz.

❷ In welche sechs großen Abschnitte kann man diese Kurzgeschichte einteilen?

❸ Verfasse eine knappe Inhaltsangabe.

zu ❶

zu ❷

①

②

③

④

⑤

⑥

zu ❸

D	Name: ______________________	Datum: __________________	

Inhaltsangabe
Zwei Männer (Günther Weisenborn)

Zeichnung: Anne-Christin Weber

Arbeitsaufgaben:

❶ Formuliere einen aussagekräftigen Basissatz.

❷ In welche sechs großen Abschnitte kann man diese Kurzgeschichte einteilen?

❸ Verfasse eine knappe Inhaltsangabe.

zu ❶

In der Kurzgeschichte „Die zwei Männer", die vom Autor Günther Weisenborn verfasst wurde, geht es um einen Farmer und seinen Peon, die bei einer Überschwemmung des Paraná in Argentinien um ihr Leben kämpfen müssen. Die Zeit, in der diese Geschichte spielt, ist nicht bekannt.

zu ❷

① **Die Vernichtung der Existenz des Farmers durch die Überschwemmung des Paraná**

② **Der Paraná als gefährlichster Gegner des Menschen in Argentinien**

③ **Bedrohung des Farmers und seines Peon durch die steigenden Wassermassen**

④ **Der geplante Mordversuch des Peon an seinem Herrn**

⑤ **Der Selbstmordversuch des Peon**

⑥ **Die Rettung**

zu ❸

Nach heftigen Regengüssen steht das Land um Santa Sabina unter Wasser. Die Tee- und Maisfelder eines Farmers sind durch die Wassermassen des Paraná vernichtet. Der Peon, ein Indio, hat Frau und Kind verloren, beide sind ertrunken. Die zwei Männer ziehen sich zum Haus des Farmers zurück. Langsam und bedrohlich steigen die Fluten des Paraná, so dass die beiden gezwungen sind, in der anbrechenden Dunkelheit auf das Schilfdach zu klettern. Die Hausmauern geben den Wassermassen nach und das sich langsam auflösende Dach treibt in den Strom hinaus. Der Peon denkt, alleine bessere Überlebenschancen zu haben und will den Farmer vom Dach herunterstoßen, aber er führt sein Vorhaben nicht aus, weil ihm sein Herr die Hälfte seiner letzten Zigarette reicht. Aufgrund dieser Aktion springt der Peon selbst ins Wasser, in dem es von Kaimanen wimmelt. Der Farmer aber zieht den Indio heraus und herrscht ihn an, solchen Unsinn zu unterlassen. Am nächsten Tag treiben sie an Land und sind gerettet. Der Farmer sagt zu seinem Peon, dass sie morgen wieder von vorne anfangen werden, worauf der Indio zustimmt.

Michael Sailer (M8)

D	Name: ______________________________	Datum: ______________________	

Inhaltsangabe
Zwei Männer (Günther Weisenborn)

Aufsatz 1:

In der Kurzgeschichte „Zwei Männer" von Günther Weisenborn geht es um einen Farmer und dessen Diener, die von einer Überschwemmung verschont bleiben. Die Geschichte spielt in Argentinien, die Zeit ist nicht angegeben.
Der Farmer lebt mit seinem Peon auf einer Farm und baut Mais an. Doch im Februar gibt es eine große Überschwemmung und des Farmers Land steht unter Wasser. Der Peon hat eine Frau und ein Kind, sie ertrinken bei der Überschwemmung. Da merkt der Indio, dass der Paraná bald kommt und sie flüchten auf ein Schilfdach. Der Paraná ist der größte Strom Indiens. Am Abend stürzt das Hühnerhaus ein und die Vögel kreischen noch, bevor sie ertrinken. Das Wasser steigt und später stürzt das Wohnhaus zusammen. Aber das Dach, auf dem der Farmer und sein Peon sitzen, geht nicht unter, es treibt davon. Der Indio hat Angst unterzugehen, da das Dach für zwei Männer nicht stark genug ist. Er überlegt, ob er seinen Herrn vom Dach herunterkippen soll. Dann aber teilt der Farmer seine letzte Zigarette mit dem Indio. Als der Indio so auf dem Tabak kaut, denkt er über sein Leben nach und kommt zu dem Entschluss, dass sein Leben schon zu Ende ist, da er ja seine Frau und sein Kind verloren hat. Er stürzt sich vom Schilfdach, doch sein Herr holt ihn wieder zu sich zurück. Gegen Morgen treibt sie der Strom an Land und der Farmer beschließt, mit seinem Peon die Farm wieder aufzubauen. Und so hört es auch auf zu regnen.

Franziska Braun (M8)

Aufsatz 2:

In der Kurzgeschichte „Zwei Männer" erzählt der Autor Günther Weisenborn über zwei Männer in einer Notlage. Sie bangen im argentinischen Überschwemmungsgebiet um ihr Leben. Die Zeit, in der die Geschichte spielt, ist unbekannt.
Nach Regengüssen steht Argentinien unter Wasser. Der Farmer von Santa Sabina sieht seine wertvollen Teefelder unter den Wassermassen dahingehen. Er sitzt mit seinem Diener, einem Indio, neben seinem Haus. Der Farmer bietet seinem Diener die letzte Zigarette an, so wie es ein Brauch unter Männern besagt. Der Peon bemerkt ein Donnern, der größte Strom Argentiniens, der Paraná, wird über sie hereinbrechen. Die Männer kennen das Gefühl der Todesangst. Gegen das steigende Wasser können sie nichts unternehmen. Die beiden klettern auf das Schilfdach des Hauses. In der Dunkelheit schwemmen die Wasserströme alles aus dem Haus, das Dach stürzt von den Pfosten und treibt in dem Strom aus Tierkadavern und Pflanzen. Der Farmer befiehlt dem Indio nicht einzuschlafen. Der Peon denkt, den Farmer herunterzustoßen, das Schilfdach wird mit einem Mann an Bord nur länger halten. Sie gehen dem Brauch mit der geteilten Zigarette nach. Der Indio möchte springen – er hat Frau und Kind verloren – und will seinen Herrn dadurch retten. Der Farmer hält seinen Peon fest und befiehlt ihm, den Lebenswillen nicht zu verlieren. Bei Tageseinbruch kommen sie an Land und vor dem Einschlafen sagt der Farmer zu seinem Indio, morgen werden sie zurückgehen und neu anfangen. Der Indio stimmt zu. Die Regenzeit in Argentinien ist vorüber.

Lisa Spanknebel (M8)

Arbeitsaufgabe:

Versuche die beiden Inhaltsangaben zu korregieren. Beurteile sie anschließend.

D	Name: ______________________________	Datum: ____________________	

Inhaltsangabe
Vertrauen ist gut, gurten ist besser

(djd/pt/eg). Wer hin und wieder mit dem Bus reist, kennt das Problem: In einem Reisebus glaubt man sicher. Anschnallen Nebensache. Aber das kann schnell ins Auge gehen.

Am Wochende sind in Deutschland viele tausend Menschen mit dem Reisebus unterwegs sein - sei es auf dem Weg zu einem Fußballspiel, zu einem der zahlreichen Konzerte oder zu Besichtigungstouren. Wer in den Bus steigt, um zu seinem Ziel zu kommen, der weiß in der Regel genau, weshalb er das tut. Der eine schätzt den Komfort, der andere die Geselligkeit und wieder ein anderer will einfach auf Nummer sicher gehen. Und gerade diejenigen, die die Sicherheit in einem Bus besonders schätzen, wissen: In den vergangenen zehn Jahren kamen auf Deutschlands Straßen rund 63 000 Menschen ums Leben, nur 181 davon waren mit dem Bus unterwegs. Nur: wenn's eben mal heftig kracht, dann gibt es natürlich auch mehr von dem Unglück Betroffene.

Auch wenn Busreisen also im Vergleich nicht schlecht dastehen, ist der erreichte Sicherheitsstandard noch nicht genug. Seit Jahren wird deshalb darüber nachgedacht, welche technischen Lösungen die Standards beim Busreisen noch weiter verbessern könnten. Eine EU-Richtlinie schreibt mittlerweile die Ausrüstung neuer Reisebusse mit Sicherheitsgurten zwingend vor. Wenn Gurte vorhanden sind, müssen sie auch angelegt werden, diese allgemeine Anschnallpflicht gilt in Deutschland schon seit April 2004.

Doch zwischen Anspruch und Realität klafft eine deutliche Schere. Denn Tatsache ist einfach, dass Passagiere in einem Düsenjet zu Beginn oder am Ende ihrer Flugreise dem Signal „Please fasten your seat belts" im Allgemeinen anstandslos Folge leisten. Erfolgt die Aufforderung sich anzuschnallen im Reisebus, wird sie aber oft nur gelangweilt zur Kenntnis genommen. Das Paradoxe daran: Während beim Flugzeug im Falle eines Falles meist auch eine perfekt angelegte Schwimmweste nichts mehr ausrichten kann, könnten richtig angewandte Gurte bei einem schweren Busunfall tatsächlich Leben retten. Was also stört am Gurt? Warum gurten sich im Bus nicht alle an?

Dafür gibt es natürlich viele Gründe. Man denke nur einmal daran, mit welchen Argumenten „Gurtmuffel" gegen die Anschnallpflicht in PKWs und LKWs zu Felde zogen, als der Gesetzgeber daran ging, den „Gurtmuffeln" einen Strafzettel verpassen zu lassen. Man bekomme keine Luft, hieß es, und wenn der Wagen brenne, komme man nicht mehr rechtzeitig weg. Und, und, und ...

Heute weiß man: Wer will, dass sich die Menschen angurten, darf dabei nicht hauptsächlich auf Strafandrohung setzen. Der entscheidende Ansatz zur Verbesserung der Gurtakzeptanz: Der Gurt wird nur benutzt, wenn er den Benutzer nicht stört, der Tragekomfort beeinflusst direkt die Akzeptanz der Anschnallpflicht. Aus diesem Grund entwickelte der bayerische Sitzhersteller Grammer mit dem „Gran Turismo" einen Komfort-Passagiersitz, der den Sicherheitsstandard des Flugzeugs auch in den Reisebus bringt. Durch die erhöhte Rückenlehne mit dem integrierten 3-Punkt-Rückhaltesystem wird die Sicherheit der Passagiere wesentlich erhöht, der Tragekomfort wird aufgrund der optionalen Gurthöheneinstellung deutlich gesteigert. Das System bietet ausreichend Schutz, ohne die Bewegungsfreiheit einzuschränken.

Die Praxis wird beweisen, ob damit das Ende der „Gurtmuffelei" im Bus in Sicht ist.

Arbeitsaufgaben:

❶ Gliedere den Text in Sinnabschnitte und gib jedem Sinnabschnitt eine Überschrift.

❷ Schreibe eine Inhaltsangabe.

Die Fliege
(Kurt Kusenberg)

Nicht jeder Raum eignet sich zum Nachdenken, und wenn man hundert Räume besitzt, muß man herausfinden, welcher von ihnen die Gedanken am meisten fördert. Sooft der Sultan von Tubodin über etwas nachsinnen wollte, begab er sich in die Grüne Kammer, legte sich auf ein Sofa und schloß die Augen; fast immer kam er zu guten Einsichten. Allerdings mußte es in der Kammer ganz, ganz still sein – vor allem durfte dort nie eine Fliege summen, denn dieses Geräusch war dem Sultan verhaßt.

Der Sklave Maurus hatte dafür zu sorgen, daß in die Grüne Kammer keine Fliege drang. Ein bequemes Amt, wird mancher sagen, ein Faulenzerposten, wie er nur im Morgenland vergeben wird. Doch damit tut man dem Sklaven Maurus Unrecht. Zum einen hatte er sich das Amt ja nicht erwählt, sondern es war ihm, der in seiner Heimat als ein kundiger Baumeister galt, vom Schicksal auferlegt worden, und er litt unter der Erniedrigung. Zum anderen ist es gar nicht so leicht, im Orient Fliegen aus dem Zimmer zu halten.

An dem Tage, von dem hier berichtet wird, ruhte der Sultan in der Grünen Kammer auf dem Sofa und sann vor sich hin. Maurus, der mit seiner Fliegenpatsche bei der Tür stand, war unruhig. Er wußte es nicht geradezu, aber er ahnte, er argwöhnte, daß irgendwo eine Fliege sitze, und konnte nur hoffen, daß sie sich nicht zeige. Doch da hörte, da sah er sie schon. In taumeligen Kurven flog sie einher und summte wie eine Hornisse.

Der Sultan schlug die Augen auf. „So liederlich", sprach er, ,,versiehst du dein Amt! Wie soll ich nachdenken, wenn das Zimmer voller Fliegen ist?" „Verzeiht, Herr", antwortete Maurus. „Es ist nur eine einzige Fliege, und ich werde sie sofort erlegen."

Der Sultan blickte nach einem Tisch aus Jaspis [Halbedelstein], auf dem vielerlei Kostbarkeiten standen. „Wende die goldene Sanduhr um! Solang der Sand rieselt, hast du Zeit, die Fliege zu töten. Gelingt es dir nicht, stirbst du."

Es war eine kurze Frist, denn das goldene Ding diente als Zeitmaß für die Ansprachen, die der Sultan an seine Minister richtete; in vier Minuten lief der Sand durchs Glas. Mit zitternder Hand kehrte Maurus die Sanduhr um und begann eine Jagd, die keinen guten Ausgang versprach. In der Grünen Kammer standen auf sieben langen Tischen unzählige Kunstgegenstände, an den Wänden hingen Ampeln, Waffen und geschnitzte Figuren: lauter Verstecke für die Fliege, sichere Verstecke, weil Maurus nichts beschädigen durfte.

Die Fliege stieß ans Fenster, zweimal, dreimal, und Maurus schlich hinzu. Als sie erneut gegen die Scheibe fuhr, schlug er nach ihr; doch er verfehlte sie. Mit empörtem Gesumm stürzte und wirbelte die Fliege umher, sie führte sich auf wie eine Besessene. Obwohl ein winziges Wesen nur und des Denkens nicht fähig, spürte sie genau, daß man ihr ans Leben wollte. Zudem war es die Stunde, in der alle Fliegen der Welt, auch wenn sie sich nicht bedroht fühlen, unsinnige Tänze aufführen - die Stunde vor Sonnenuntergang.

Die Fliege in der Luft zu treffen, schien unmöglich. Blitzschnell schoß sie dahin und änderte in einem fort die Richtung. Maurus behielt sie im Auge, er betete im Stillen, sie möge sich endlich niedersetzen. Es kam ihm jetzt nicht mehr darauf an, ob er mit seiner Patsche etwas beschädigte: wenn er nur das leidige Insekt dabei erschlug. Da setzte sich die Fliege nieder, und es war, als vermöge sie doch zu denken, denn nunmehr befand sie sich jenseits aller Gefahr. Sie saß auf der rechten Schulter des Sultans.

Maurus blickte auf die Sanduhr und sah, daß sie zur Hälfte abgelaufen war. Was sollte er bloß tun? Es ging nicht an, den Sultan von Tubodin mit der Fliegenklappe zu treffen, und wer es dennoch unternahm, mußte mit einem qualvollen Tode rechnen. Da war der flinke Säbel des Henkers noch das kleinere Übel.

Der Sultan lag mit geschlossenen Augen auf dem Sofa, er tat, als sinne oder träume er vor sich hin; er weidete sich jedoch an der Verzweiflung des Sklaven. Er horchte auf dessen Schritte und suchte zu erraten, wie es um die Fliegenjagd stand. Als er Maurus nicht mehr gehen, die Fliege nicht mehr summen hörte, wurde er unmutig. Am Ende gelang es dem Tölpel, sich im allerletzten Augenblick zu retten!

Der Sultan konnte nicht wissen, daß die Fliege auf seiner eigenen Schulter saß, daß sie seinen hohen Schutz genoß.
Maurus stand reglos, er hatte keine Hoffnung mehr. Ohne hinzuschauen, sah er, wie die Sanduhr drüben ihm eilig das Urteil ausfertigte. Vor seinen Augen wuchsen Häuser empor, Rathäuser und Handelshöfe und Getreidespeicher, eine ganze Stadt, die er hätte bauen wollen und die nun ungebaut blieb, einer Fliege wegen. Indem er dies dachte, hob die Fliege sich von des Sultans rechter Schulter und kreiste in der Luft. Gleich darauf fuhr sie nieder, dicht an Maurus vorbei. Sie streifte die Fliegenpatsche, flog das Sofa an, lief darüber hin, stieg erneut auf und setzte sich schließlich auf des Sultans rechtes Knie. Dort verhielt sie.
Ein wilder Zorn befiel Maurus. „Wenn ich ohnedies sterben muß", dachte er, „soll auch der Sultan sterben. Er ist nicht allzu kräftig, es wird leicht sein, ihn zu erwürgen, und hinterher werde ich mich aufhängen." Aber schon kam ihm ein neuer Gedanke: „Meine Tat wird sicherlich nicht gleich entdeckt. Ich fliehe – vielleicht habe ich Glück, nach soviel Unglück." Er trat leise auf den Sultan zu und streckte seine Hände aus. Sie zitterten nicht, wie vorhin, als er die Sanduhr umgewendet hatte, sie waren ganz ruhig. Jetzt kam es darauf an, den Hals des Sultans rasch und fest zu umklammern, damit ihm kein Schrei mehr entfahre. In diesem Augenblick verließ die Fliege ihren Sitz, zog einen Halbkreis und ließ sich auf der Stirn des Sultans nieder. Der Sultan schlug nach ihr, die Fliege fiel auf das Sofa herab.
Im Zuschlagen öffnete der Sultan die Augen. Er sah die Hände des Sklaven dicht bei seinem Hals und erkannte, was jener mit ihm vorhatte. „Du willst mich töten?" fragte er. Maurus nickte. „Ich wollte es, Herr, weil ich um einer Fliege willen sterben sollte."
Als dem Sultan aufging, wie nahe ihm der Tod gewesen, erschrak er. Sein Herz pochte, er wurde bleich. „Einer Fliege wegen", sann er und konnte es gar nicht fassen, „einer kleinen Fliege wegen wäre ich ums Haar ermordet worden."
Er brauchte ein Weilchen, bis er seine Stimme wiederfand. Dann sprach er: „Daß du mich töten wolltest, lassen wir beiseite. Fest steht, daß nicht klar entschieden worden ist, ob du dein Leben verwirkt hast oder nicht, denn als ich die Fliege erschlug, war die Frist noch nicht abgelaufen. Oder irre ich mich?"
„Ich weiß es nicht, Herr", erwiderte Maurus. „Ich habe zuletzt den Anblick der Sanduhr gemieden."
„Wir wollen", fuhr der Sultan fort, „den Fall zu Ende bringen. Du wendest jetzt noch einmal die Sanduhr; dann rennst du, so schnell du kannst und so weit du kommst, um dein Leben. Sobald die Zeit um ist, schicke ich meine Aufseher und die Jäger mit den Hunden hinter dir her. Faßt man dich, gehörst du dem Henker."
Maurus tat, wie ihm befohlen war. Er kehrte die Sanduhr um, stürzte aus der Grünen Kammer, rannte die Treppen hinab, durcheilte die Höfe, die Tore und erreichte im Nu die engen Gassen der Stadt. Alle, an denen er vorüberschoß, hielten ihn für des Sultans schnellsten Kurier. In der Grünen Kammer lief die Sanduhr aus. Der Sultan griff nach einer Glocke, um die Aufseher herbeizuläuten; da sah er, was er nicht glauben mochte. Die Fliege auf dem Sofa, die er tot gewähnt, hatte sich erholt, sie kroch umher. Als sie sich gar in die Luft schwang und auf ihn zuflog, duckte er sich wie unter einer Gefahr. „Ein Zeichen!" dachte er furchtsam. „Eine Warnung! Ich soll nicht läuten."
So kam es, daß die Jagd auf den Sklaven Maurus unterblieb, daß er seine Heimat erreichte und wieder ein Baumeister wurde.

Kurt Kusenberg: Die Fliege. Aus: Man kann nie wissen

D | Name: ______________________ | Datum: ______________________

Inhaltsangabe
Die Fliege (Kurt Kusenberg)

Arbeitsaufgaben:
❶ Formuliere einen aussagekräftigen Basissatz.
❷ Verfasse eine knappe Inhaltsangabe.

zu ❶

zu ❷

D	Name: ______________________________	Datum: ______________________	

Inhaltsangabe
Die Fliege (Kurt Kusenberg)

Arbeitsaufgaben:
❶ Formuliere einen aussagekräftigen Basissatz.
❷ Verfasse eine knappe Inhaltsangabe.

zu ❶

In der Kurzgeschichte „Die Fliege" von Kurt Kusenberg geht es für den Sklaven Maurus um Leben und Tod. Ob er sterben muss, hängt von seiner Geschicklichkeit und einer Fliege ab. Beteiligt ist auch der mächtige, tyrannische Sultan von Tubodin. Die Geschichte spielt im Orient, die Zeit ist nicht bekannt.

zu ❷

Der Sultan, der sich in der Grünen Kammer seines Palastes niedergelegt hat, bemerkt, dass eine Fliege im Raum ist, die ihn beim Nachdenken stört. Sein Sklave Maurus, der eigentlich Baumeister von Beruf ist, muss den Raum von Fliegen freihalten. Ihm gibt der erzürnte Sultan den Befehl, innerhalb der vier Minuten, die die Sanduhr braucht, um abzulaufen, die Fliege zu töten. Andernfalls lasse er ihn töten. Die Aufgabe wird durch die vielen Kunstgegenstände erschwert, die der Fliege als Versteck dienen können und die Maurus nicht beschädigen darf. Als sich nach zwei Minuten die Fliege auf der Schulter des mit geschlossenen Augen auf dem Sofa liegenden Sultans niederlässt, kann der Sklave die Fliege nicht erschlagen. Nachdem sich das Insekt auf das Knie des Sultans gesetzt hat, überlegt Maurus, auch den Sultan zu töten, wenn er selbst schon wegen einer Fliege sterben soll. Den Gedanken, sich nach der Ermordung des Sultans selbst umzubringen, gibt er wieder auf und rechnet sich eine Chance zur Flucht aus. Gerade als Maurus den Sultan erwürgen will, setzt sich die Fliege auf dessen Stirn. Der Sultan, der nach der Fliege schlägt und gleichzeitig die Augen öffnet, erschrickt, als

ihm klar wird, was der Sklave vorhatte. Weil er mit seinem Schlag nach der Fliege Maurus um die Gelegenheit gebracht hat, die Fliege doch noch innerhalb der gesetzten Frist zu töten, gibt er dem Sklaven Gelegenheit zur Flucht. Vier Minuten, bis die Sanduhr erneut abgelaufen ist, hat Maurus Zeit, einen Vorsprung vor den Jägern und Hunden des Sultans zu gewinnen. Als die Frist abgelaufen ist und der Sultan nach den Verfolgern läuten will, sieht er, dass die tot geglaubte Fliege sich auf ihn zu bewegt. Er nimmt dies als ein Zeichen, die Jagd nach dem Sklaven zu unterlassen. Maurus erreicht glücklich seine Heimat.

Stefanie Pollithy (M8)

Das gefleckte Band
(Arthur Conan Doyle)

Es war noch früh, sehr früh am Morgen, als Sherlock Holmes, der notorische Langschläfer, mich aus dem Schlafe riss. „Tut mir leid, dass ich dich stören muss, Watson“, sagte er, „aber du bist heute morgen nicht der einzige. Erst musste Mrs. Hudson aus den Federn, sie weckte mich, und ich nun dich.“
„Was ist denn los? Brennt es?“
„Nein, ein Klient, eine verstörte junge Dame, die darauf besteht, mich zu sehen. Sie wartet im Wohnzimmer. Ich dachte, ich darf sie dir nicht vorenthalten. Vielleicht interessiert dich der Fall.“
„Aber selbstverständlich. Ich komme sofort.“ Ich zog mich hastig an und ging mit meinem Freund ins Wohnzimmer hinunter. Eine tiefverschleierte Dame in Schwarz erhob sich, als wir eintraten.
„Guten Morgen, Madam“, sagte Holmes. „Mein Name ist Sherlock Holmes. Das hier ist mein Freund und Kollege, Dr. Watson, dem Sie genauso vertrauen dürfen wie mir. Großartig, Mrs. Hudson hat bereits Feuer gemacht. Setzen Sie sich doch näher zum Kamin, Madam. Ich werde sofort heißen Kaffee bestellen, Sie zittern ja.“
„Es ist nicht die Kälte“, sagte die Frau leise und zog ihren Stuhl näher ans Feuer. „Sondern?“
„Angst, Mr. Holmes. Nackte, kalte Angst.“ Sie hob ihren Schleier, und wir sahen in ein verhärmtes graues Gesicht, aus dem uns zwei angstvolle Augen unruhig anblickten. Die Frau konnte kaum älter als dreißig sein, aber ihr Haar war bereits ergraut. Sherlock Holmes beugte sich vor und strich ihr behutsam über die Hand.
„Wir werden Ihnen helfen“, sagte er beruhigend. „Sie sind heute früh mit dem Zug nach London gekommen, wie ich sehe.“ „Sie kennen mich?“ „Nein, aber in Ihrem linken Handschuh steckt eine Rückfahrkarte.“
„Ja, ich bin mit dem Frühzug in Waterloo-Station angekommen, Sir. Ich kann diese Angst nicht länger ertragen. Ich werde verrückt, wenn es so weitergeht. Ich habe niemanden, an den ich mich wenden könnte – niemanden außer einem einzigen Menschen, der mich liebt, und er kann mir nicht helfen. – Eine Bekannte hat mir von Ihnen erzählt, Mr. Holmes. Wenn Sie mir doch wieder ein wenig Hoffnung geben wollten. Augenblicklich bin ich nicht in der Lage, Sie für Ihre Hilfe zu entschädigen, aber in ein paar Monaten werde ich heiraten und über mein eigenes Vermögen verfügen.“„Mein Beruf ist mir ein Vergnügen, Madam, aber ich stelle es Ihnen frei, mir die Unkosten zu vergüten. Das hat natürlich Zeit. Und jetzt, bitte, erzählen Sie uns Ihren Kummer.“
Die verkrampften Finger der Frau lösten sich. „Das schlimmste ist, dass meine Ängste nur sehr unbestimmt sind. Ich kann meine Unruhe nur mit Kleinigkeiten begründen, die jedem Außenstehenden bedeutungslos erscheinen müssen. Selbst dieser einzige Mensch, an den ich mich um Hilfe und Rat wenden könnte, hält die Dinge, die ich ihm erzähle, für die Phantastereien einer überreizten Frau. Er spricht es nicht aus, aber ich kann es an seinen beruhigenden Worten erkennen. Von Ihnen, Mr. Holmes, habe ich gehört, dass Sie wie kein zweiter die Abgründe in einem Menschen zu erkennen vermögen. Vielleicht wissen Sie einen Rat, wie ich mit dem Grauen fertig werden kann, das mich langsam zu ersticken droht.“
„Erzählen Sie, Madam.“
„Mein Name ist Helen Stoner. Ich lebe bei meinem Stiefvater, dem Letzten der Roylotts aus Stoke Moran in Westsurrey; sie zählen zu den ältesten Familien Englands.“
Holmes nickte. „Der Name ist mir bekannt“, sagte er.
„Die Familie war einmal unermesslich reich, aber im letzten Jahrhundert zerrann der Besitz unter den Händen von vier Verschwendern; schließlich hat ein Spieler den Ruin der Familie besiegelt. Außer ein paar Feldern und dem zweihundert Jahre alten Haus, auf dem eine große Hypothek liegt, ist nichts übrig geblieben. Der letzte Roylott hat dort das erbärmliche Leben eines verarmten Adligen geführt. Sein einziger Sohn, mein Stiefvater, ergab sich nicht in dies Schicksal; ein Verwandter finanzierte sein Medizinstudium. Er legte sein Examen ab und ging nach Kalkutta. Er war tüchtig und ehrgeizig und hatte bald eine große Praxis. Aber in einem Wutanfall über mehrere Diebstähle, die in seinem Haus geschahen, erschlug er einen eingeborenen Diener; er wäre dafür beinahe gehängt worden. Jahrelang saß er im Gefängnis, dann kehrte er als düsterer und vom Leben enttäuschter Mann nach England zurück.
Als Dr. Roylott noch in Indien war, heiratete er meine Mutter, die junge Witwe eines Offiziers der ‚Bengal Artillery‘. Meine Schwester Julia und ich waren erst zwei Jahre alt – wir sind Zwillinge –, als meine Mutter sich wieder verheiratete. Sie hatte ein beträchtliches Vermögen, und das überschrieb sie ganz Dr. Roylott. Außerdem verfügte sie, dass wir Mädchen im Falle einer Heirat jährlich eine bestimmte Summe erhalten sollten. Kurz nach unserer Rückkehr nach England starb unsere Mutter – sie verunglückte tödlich bei einem Eisenbahnunfall.
Dr. Roylott gab seinen Plan auf, in London eine Praxis zu gründen; er nahm uns mit sich in sein väterliches Haus nach Stoke Moran. Unsere Mutter hatte uns genügend Geld hinterlassen. Einem glücklichen Leben hätte nichts im Wege gestanden.
Aber ungefähr um diese Zeit vollzog sich ein schrecklicher Wandel in unserem Stiefvater. Anstatt den Verkehr mit unseren Nachbarn zu pflegen, die anfangs überglücklich waren, dass wieder ein Roylott auf Stoke Moran lebte, zog er sich völlig zurück. Wenn er einmal ausging, brach er mit jedem, der ihm über den Weg lief, einen Streit vom Zaun. Das zügellose Temperament lag in der Familie, und bei meinem Stiefvater hatte der lange Aufenthalt in den Tropen diese Veranlagung noch verstärkt. Es gab immer mehr peinliche Streitereien, zweimal endeten sie sogar vor der Polizei. Schließlich war er zum Schrecken des Dorfes geworden. Wenn er auftauchte, leerten sich die Straßen.

Letzte Woche erst stieß er im Streit den Dorfschmied in den Fluss. Ich konnte ein gerichtliches Nachspiel nur dadurch verhindern, dass ich alles Geld, das wir im Hause hatten, zusammenkratzte, um den Schmied zu besänftigen. So lebt er; seine einzigen Freunde sind ein paar Zigeuner, die er auf seinem Grund nach Belieben ihre Zelte aufschlagen lässt. Er verbringt viele Stunden an ihren Lagerfeuern. Er ist auch schon wochenlang mit ihnen durchs Land gezogen. Indische Tiere sind seine andere Leidenschaft; im Augenblick hält er einen abgerichteten Leoparden und einen Pavian. Er läßt sie frei auf seinen Feldern umherstreifen, und die Tiere werden von den Dorfbewohnern beinahe genauso gefürchtet wie ihr Herr.
Können Sie sich nun vorstellen, dass meiner Schwester Julia und mir dieses Leben immer schwerer wurde? Dienstboten liefen uns schon nach den ersten Wochen davon, und lange Zeit mussten wir alle Hausarbeit allein besorgen. Julia war erst dreißig, als sie starb, aber ihr Haar war schon grau, so wie meines."
„Ihre Schwester lebt nicht mehr?"
„Sie starb vor zwei Jahren. Ich möchte mit Ihnen über ihren Tod sprechen. Ich habe Ihnen unser Leben beschrieben, und Sie werden sich vorstellen können, dass wir kaum Gelegenheit hatten, Menschen unseres Alters kennenzulernen. Wir hatten eine Tante, eine Schwester unserer Mutter, Miss Honoria Westphail, die bei Harrow lebt. Gelegentlich durften wir sie besuchen. Vor zwei Jahren war Julia über Weihnachten bei ihr und lernte dort einen Marineoffizier kennen. Sie verlobte sich mit ihm. Als mein Stiefvater von der Verlobung hörte, hatte er nichts dagegen einzuwenden. Zwei Wochen vor dem Tag, an dem die beiden heiraten wollten, geschah das Schreckliche."
Sherlock Holmes hatte bisher mit geschlossenen Augen zugehört. Jetzt hob er die Lider etwas und sah die junge Frau an. „Bitte, berichten Sie. Vergessen Sie nichts", sagte er.
„Diesen Tag werde ich niemals vergessen. Wie ich Ihnen schon erklärte, ist das Haus sehr alt. Wir bewohnen nur einen Flügel. Die Schlafzimmer dieses Flügels liegen im Parterre. Zuerst kommt Dr. Roylotts Schlafzimmer, dann das meiner Schwester, das dritte ist meines. Es gibt keine Verbindung zwischen den einzelnen Räumen, die Türen gehen aber alle auf den gleichen Korridor und die Fenster der Schlafzimmer auf den Rasen. Drücke ich mich klar aus?" „Ja, völlig."
„In dieser schrecklichen Nacht war Dr. Roylott schon sehr früh auf sein Zimmer gegangen. Wir wussten aber, dass er noch nicht schlief, denn meine Schwester störte der Rauch seiner starken indischen Zigarren. Sie verließ deshalb ihr Zimmer und kam zu mir. Wir unterhielten uns über die Hochzeit. Um elf Uhr stand sie auf und wollte gehen. An der Tür blieb sie noch einmal stehen und sah mich an.
‚Sag mal, Helen', fragte sie, ‚hast du nie mitten in der Nacht jemanden pfeifen hören?' ‚Pfeifen?' fragte ich. ‚Nein. Warum denn?' ‚Weil ich es in den letzten Nächten leise, aber ganz deutlich hörte, immer gegen drei Uhr morgens. Ich schlafe nicht sehr tief und bin jedesmal davon aufgewacht. Ich kann nicht sagen, woher es kam – vielleicht aus dem Nebenzimmer, vielleicht von draußen. Du hast also nichts gehört?'
‚Nein. Das müssen diese verwünschten Zigeuner sein.' ‚Wahrscheinlich. Aber wenn es von draußen kam, dann wundere ich mich, dass du es nicht gehört hast.' ‚Ja, aber ich schlafe doch meist viel tiefer als du.'
‚Nun, es wird nicht so wichtig sein.' Sie lächelte mir zu und zog die Tür hinter sich ins Schloss. Wenige Sekunden später hörte ich, wie der Schlüssel sich drehte."
„Ließen Sie Ihre Türen nachts nie unverschlossen?", fragte Holmes. „Nie." „Und warum nicht?"
„Ich erzählte Ihnen doch von den Leoparden und dem Pavian. Wir fühlten uns nicht sicher, wenn man die Türen aufdrücken konnte." „Verständlich. Bitte weiter." „Ich fand keinen Schlaf in jener Nacht. Das unbestimmte Vorgefühl eines drohenden Unheils ließ mich nicht zur Ruhe kommen.
Es war eine wilde Nacht. Der Sturm heulte ums Haus, und der Regen peitschte gegen die Fenster. Plötzlich gellte durch das Geheul des Sturmes der Schrei einer Frau. Ich erkannte die Stimme meiner Schwester. Ich sprang aus dem Bett und stürzte auf den Korridor.
Als ich meine Tür öffnete, glaubte ich ein leises Pfeifen zu hören, dann ein polterndes Geräusch, so als ob ein Stück Metall zu Boden gefallen wäre. Ich rannte zur Tür meiner Schwester. Sie war nicht verschlossen, sondern schwang im Wind hin und her. Im Licht der Flurlampe sah ich, wie meine Schwester auf die Schwelle zuschwankte. Ihr Gesicht war aschfahl vor Grauen. Sie hielt die Hände wie hilfesuchend vorgestreckt. Sie taumelte weiter geradeaus. Ich nahm sie in meine Arme, aber in diesem Augenblick sank sie zu Boden. Ihr Körper zuckte, als ob er von entsetzlichen Schmerzen geschüttelt wurde.
Zuerst glaubte ich, sie hätte mich nicht erkannt; aber als ich mich über sie beugte, wimmerte sie mit verzerrter Stimme, einer Stimme, die ich nie vergessen werde:
‚O Gott, Helen! Das Band! Das gefleckte Band!' Sie deutete auf das Zimmer des Doktors, aber da wurde sie wieder von einem Krampf geschüttelt, ihre Stimme war nur noch ein Röcheln. Ich stürzte hinaus. Ich schrie nach meinem Stiefvater, und dann sah ich ihn, nur mit einem Morgenrock bekleidet, aus seinem Zimmer kommen. Als wir zu meiner Schwester traten, war sie bewusstlos, und obwohl er ihr Brandy einflößte und sofort nach einem Arzt schickte, war sie nicht mehr zu retten. Sie starb, ohne das Bewusstsein wiedererlangt zu haben." „Einen Augenblick", sagte Holmes, „sind Sie ganz sicher, das Pfeifen und das folgende Geräusch gehört zu haben? Können Sie das beschwören?"
„Das fragte mich auch der Vorsitzende bei der Gerichtsverhandlung. Ich glaube sicher, dass ich es hörte, aber bei der Stärke des Sturmes könnte ich mich auch getäuscht haben."
„War Ihre Schwester angezogen?" „Nein, im Nachthemd. In ihrer rechten Hand fand man ein angebranntes Streichholz und in ihrer linken eine Streichholzschachtel."

„Das ist wichtig. Und zu welchem Schluss kam der Vorsitzende?"
„Er untersuchte den Fall sehr sorgfältig. Dr. Roylott war ja schon seit langem berüchtigt in der ganzen Gegend. Aber das Gericht konnte die Todesursache nicht aufklären. Ich gab zu Protokoll, dass die Tür von innen verschlossen gewesen war und sich vor den Fenstern schwere alte Läden, die noch dazu mit dicken Eisenstangen versehen sind, befinden. Die Wände ihres Zimmers wurden abgeklopft, alles ohne Erfolg. Es ist deshalb mit Sicherheit anzunehmen, dass meine Schwester allein im Zimmer war. Auch wies ihr Körper keine Spuren irgendwelcher Gewaltanwendung auf."
„Gift vielleicht?"
„Auch daraufhin wurde sie untersucht. Nichts." „Was glauben Sie, woran Ihre Schwester starb?" „Ich bin überzeugt davon, dass sie an der Angst starb, an einem Schock, obwohl ich mir nicht vorstellen kann, was sie so sehr entsetzte."
„Waren zu dieser Zeit Zigeuner in der Umgebung?" „Ja, es waren beinahe immer welche da."
„Und was sagte Ihnen diese letzte Bemerkung von einem Band einem gefleckten Band?"
„Manchmal dachte ich, dass sie das einfach im Delirium gesagt hat. Dann überlegte ich mir, ob sie vielleicht auf eine Bande von Menschen anspielen wollte, vielleicht gerade auf die Zigeuner. Vielleicht könnten die gepunkteten Kopftücher, die viele von ihnen tragen, damit gemeint gewesen sein."
Holmes schüttelte den Kopf. Der Gedanke schien ihn nicht zu befriedigen.
„Fahren Sie bitte fort", sagte er dann.
„Zwei Jahre sind seither vergangen. Mein Leben wurde einsamer denn je. – Vor einem Monat nun hat mich ein Mann, den ich seit vielen Jahren kenne und schätze, gebeten, seine Frau zu werden. Mein Stiefvater hat nichts gegen die Verbindung einzuwenden. Wir wollen noch im Frühjahr heiraten.
Vor zwei Tagen nun wurde im Westflügel des Hauses, den wir bewohnen, mit ein paar Reparaturen begonnen. Dabei musste eine Wand meines Schlafzimmers durchbrochen werden. Ich zog solange in das Zimmer, in dem meine Schwester starb. Ich schlafe nun im gleichen Bett, in dem auch sie geschlafen hat. Vielleicht können Sie sich mein Entsetzen vorstellen, als ich in der vergangenen Nacht plötzlich ein Pfeifen hörte. Ich zündete die Lampe an, aber es war nichts zu sehen. Ich war viel zu erregt, um wieder ins Bett zu gehen. Ich zog mich an, und als es hell wurde, stahl ich mich aus dem Haus. Ich nahm mir im Gasthaus einen Wagen und fuhr zur Bahnstation nach Leatherhead. Ich erreichte noch den Frühzug – alles Weitere wissen Sie."
„Das war sehr klug von Ihnen", sagte Holmes. „Haben Sie mir alles erzählt?" „Ja, alles."
„Miss Stoner, das stimmt nicht. Sie decken Ihren Stiefvater." „Warum? Was meinen Sie damit?"
Statt einer Antwort schob Holmes die Spitzenrüsche zurück, die über die Hand der Frau fiel. Fünf leuchtend rote Flecken, die Spuren von vier Fingern und einem Daumen, waren deutlich auf dem weißen Handgelenk zu sehen.
Die junge Frau errötete und verbarg das verletzte Gelenk.
„Er ist ein harter Mann", sagte sie, „vielleicht weiß er gar nicht, wie stark er ist." Ein paar Minuten lang war Schweigen im Raum. Holmes starrte ins Feuer.
„Da gibt es noch tausend Dinge, die ich wissen müsste", sagte er, „ehe ich mir meinen Plan zurechtlege. Aber wir haben keine Zeit mehr zu verlieren. Wenn wir nun heute nach Stoke Moran hinausführen, wäre es dann möglich, die Räume im Westflügel zu besichtigen, ohne dass Ihr Stiefvater davon erführe?"
„Heute ja. Dr. Roylott ist in der Stadt. Er sagte, er habe wichtige geschäftliche Dinge zu erledigen. Wahrscheinlich bleibt er den ganzen Tag über weg. Wir haben jetzt zwar eine Haushälterin, aber sie ist alt und nicht gerade ein Kirchenlicht; ich könnte sie leicht aus dem Weg halten."
„Sehr gut. Du hast doch nichts gegen die Fahrt, Watson?" „Im Gegenteil." „Dann kommen wir beide. Und was haben Sie vor?"
„Ich würde gern noch ein paar Dinge erledigen, da ich schon in der Stadt bin. Aber ich fahre mit dem Zwölf-Uhr-Zug zurück und werde Sie erwarten."
„Wir werden am frühen Nachmittag bei Ihnen sein."
„Ich bin sehr froh, dass Sie kommen wollen." Sie zog den dichten schwarzen Schleier über ihr Gesicht und verabschiedete sich.
„Was hältst du davon, Watson?" Sherlock Holmes lehnte sich zurück. „Ich sehe nicht klar."
„Ich auch nicht. Aus diesem Grunde gehen wir auch heute noch nach Stoke Moran. Ich will mich selber einmal dort umsehen. Aber was, in drei Teufels Namen ..."
Plötzlich wurde die Tür aufgerissen. Ein Riese von einem Mann stand auf der Schwelle, so groß, dass sein Kopf am oberen Türbalken anstieß. Sein großflächiges Gesicht, über das sich tausend Fältchen zogen, war von der Sonne gelb ausgedörrt worden. Seine tiefliegenden Augen und die scharf geschnittene Nase gaben ihm das Aussehen eines ungezähmten alten Raubvogels.
„Wer von Ihnen ist Holmes?", fragte er scharf. „Das ist mein Name, Sir, aber ich wüsste nicht ..."
„Ich bin Dr. Grimesby Roylott von Stoke Moran."
„Freut mich", sagte Holmes kühl. „Nehmen Sie bitte Platz."
„Ich denke nicht daran. Meine Stieftochter war hier. Was hat sie Ihnen erzählt?"
„Etwas kalt für die Jahreszeit heute", sagte Holmes, „finden Sie nicht?"
„Was hat sie Ihnen erzählt?", schrie der alte Mann unbeherrscht.
„Aber wie ich hörte, sollen die Krokusse bald blühen", fuhr Holmes unerschüttert fort.

Unser Besucher kam einen Schritt näher und hob seine Reitpeitsche. „Ich weiß Bescheid. Sie sind Holmes, der seine Nase in jeden Dreck steckt!“
Mein Freund lächelte. „Holmes, der Gernegroß!“
Die Lachfältchen in Holmes' Gesicht vertieften sich. „Holmes, der Scotland-Yard-Kasper.“
Holmes lachte laut heraus. „Sie sind ein amüsanter Gesellschafter“, sagte er. „Wenn Sie gehen, machen Sie doch bitte die Tür zu; es zieht.“
„Ich gehe, wenn es mir passt. Und unterstehen Sie sich, sich in meine Angelegenheiten zu mischen. Ich weiß, dass Miss Stoner hier war – ich bin ihr nachgegangen. Es ist gefährlich, mich hinters Licht führen zu wollen!“
Mit einem Schritt war er am Kamin. Er ergriff den Feuerhaken, und seine sehnigen braunen Hände bogen ihn krumm.
„Hüten Sie sich. Wenn ich Sie je in meine Finger bekommen sollte ...“ Er warf den verbogenen Feuerhaken in den Kamin und schlug dann die Tür hinter sich zu.
„Ein liebenswerter Mensch“, sagte Holmes, immer noch lächelnd. „Wenn er geblieben wäre, hätte ich ihm zeigen können, dass meine Hände nicht viel schwächer sind als die seinen.“ Er hob den eisernen Feuerhaken auf, hielt ihn ein paar Sekunden in den Händen und bog ihn dann in einer plötzlichen Bewegung wieder gerade.
„Eine Frechheit, mich mit der Polizei zu vergleichen Das soll mir ein Ansporn sein. Ich will nur hoffen, dass Miss Stoner ihre Unvorsichtigkeit nicht büßen muss. Aber jetzt wollen wir erst einmal essen. Dann muss ich zur Ärztekammer; vielleicht kann man uns dort mit ein paar Hinweisen helfen.“
Kurz vor ein Uhr kam Holmes zurück. Er zog ein großes Blatt Papier aus der Tasche.
„Ich habe mir das Testament der verstorbenen Mrs. Roylott angesehen“, sagte er. „Das Geld ist in Wertpapieren angelegt. Das Jahreseinkommen betrug im Jahr ihres Todes wenig unter tausendeinhundert Pfund, jetzt liegt es etwa bei siebenhundertfünfzig Pfund. Im Falle einer Heirat haben beide Töchter Anspruch auf zweihundertfünfzig Pfund jährlich. Wenn beide Töchter geheiratet hätten, wäre diesem Edelmann nur ein äußerst kärgliches Einkommen geblieben; schon die Heirat einer Tochter hätte ihn beim augenblicklichen Stand der Dinge ruiniert. Ein starkes Motiv, um eine Heirat zu verhindern. Ich fürchte, wir haben nicht mehr viel Zeit zu verlieren. Am besten, du nimmst deine Waffe mit, Watson. Bei einem Herrn, der eiserne Feuerhaken wie Plastilin behandelt, ist eine Pistole noch das beste Argument.“
Wir hatten Glück. An der Waterloo-Station lief eben ein Zug nach Leatherhead ein. Dort mieteten wir uns einen Wagen und fuhren sofort weiter nach Stoke Moran. Holmes hatte sich den Hut tief in die Stirn gezogen und die Arme verschränkt. Plötzlich fuhr er hoch, stieß mich an und deutete über die Wiesen.
„Stoke Moran?“, fragte er den Kutscher.
„Ja, Sir, das ist das Haus von Dr. Grimesby Roylott.“ Der Kutscher wies auf das Ziegeldach, das jetzt hinter den Baumwipfeln eines weitläufigen Parkes auftauchte.
„Da wird gebaut“, sagte Holmes; „wir sind also richtig.“
„Dort liegt das Dorf.“ Der Kutscher deutete auf ein paar Dächer, die man in der Ferne sehen konnte. „Aber wenn Sie zum Gutshaus wollen, der kürzeste Weg ist der an den Feldern entlang. Da vorn, der Fußweg, wo Sie die Dame sehen.“
„Das wird Miss Stoner sein“, sagte Holmes. Wir stiegen aus und bezahlten den Kutscher. Der Wagen wendete und fuhr zurück nach Leatherhead.
„Der Bursche soll ruhig glauben“, sagte Holmes, „dass wir Architekten sind oder mit den Bauarbeiten zu tun haben. Dann wird nicht weiter geredet. – Guten Tag, Miss Stoner. Sie sehen, man kann sich auf uns verlassen.“
„Ich habe Sie voll Ungeduld erwartet“, rief sie und drückte uns die Hand. „Wir hatten das Vergnügen, Dr. Roylott kennenzulernen.“
Holmes erzählte ihr, was geschehen war. Miss Stoner war aschfahl geworden. „Mein Gott! Er ist mir also gefolgt.“ „Anscheinend.“
„Er ist unberechenbar. Ich weiß nie, wann ich vor ihm sicher bin. Was wird wohl geschehen, wenn er zurückkommt?“
„Wenn er gewalttätig wird, bringen wir Sie am besten zu Ihrer Tante nach Harrow. Jetzt aber müssen wir die Zeit nützen, die uns zur Verfügung steht. Führen Sie uns gleich zu den Räumen, die wir ansehen wollen.“
An dem bewohnten Flügel des Hauses war ein Gerüst aufgerichtet. Eine Seitenwand war teilweise durchgebrochen, aber im Augenblick waren die Bauarbeiter nicht an der Arbeit. Holmes ging auf dem schlecht geschnittenen Rasen langsam hin und her und betrachtete lange die Fensterfront.
„Dieses Fenster gehört also zu dem Zimmer, in dem Sie schliefen, das mittlere zu dem Ihrer Schwester und das nächstfolgende ist Dr. Roylotts Zimmer?“
„Ja, aber ich schlafe jetzt im mittleren.“
„Wegen der Bauarbeiter. Ich kann allerdings nichts sehen, was an dieser Wand so dringend repariert werden müsste.“ „Ich bin überzeugt, dass es nur ein Vorwand war.“
„Auf der Rückseite dieses Flügels ist wohl der Korridor, auf den die Türen dieser drei Zimmer führen. Hat er Fenster?“ „Ja, aber nur sehr kleine. Zu klein, als dass jemand sich durchzwängen könnte.“ „Würden Sie jetzt bitte in Ihr Zimmer gehen und die Fensterläden von innen schließen?“
Miss Stoner machte die Läden zu. Holmes untersuchte den Verschluss aufmerksam und versuchte, die Läden mit Gewalt zu öffnen. Es gelang ihm nicht. Dann untersuchte er mit seinem Vergrößerungsglas die Angeln, in denen die Läden hingen. Sie waren aus massivem Eisen und fest in den stabilen hölzernen Rah-

men eingelassen. „Hm“, sagte Holmes, „diese Läden konnten unmöglich mit Gewalt geöffnet werden. Jetzt wollen wir uns die Sache einmal von innen ansehen, Watson.“
Wir schritten durch den weißgekalkten Flur, auf den die drei Schlafzimmertüren führten. Holmes verzichtete darauf, das dritte Zimmer zu besichtigen. Wir gingen sofort ins Mittelzimmer, in dem Miss Stoner zur Zeit schlief und wo ihre Schwester gestorben war.
Es war ein freundliches kleines Zimmer mit einem offenen Kamin, ein Raum, wie man ihn in vielen alten Landhäusern findet. In der einen Ecke stand eine braune Kommode, ein schmales weiß bezogenes Bett in der andern, und links vom Fenster stand ein Frisiertisch. Zwei Rohrstühle und ein Teppich in der Mitte – das war alles. Holmes zog sich einen Korbstuhl in die Ecke und setzte sich. Schweigend ließ er seine Blicke durch den Raum wandern; ich wusste, dass er sich dabei auch die geringste Kleinigkeit einprägte.
„Wohin geht diese Klingel?“, fragte er und deutete auf eine Schnur, die über dem Kopfende des Bettes hing. „Zum Zimmer der Haushälterin.“ „Sieht neuer aus als die anderen Dinge hier.“
„Sie wurde erst vor ein paar Jahren eingerichtet.“ „Bat Ihre Schwester darum?“
„Nein, ich habe auch nie gesehen, dass Julia sie benutzte. Was wir brauchten, holten wir uns selbst.“ Holmes murmelte etwas und legte sich dann mit dem Vergrößerungsglas in der Hand auf den Boden. Er kroch vor und zurück und überprüfte jede einzelne Bodenritze. Dann wandte er seine Aufmerksamkeit den holzverkleideten Wänden zu.
Schließlich trat er vor das Bett. Er betrachtete es ein paar Sekunden schweigend. Dann nahm er die Klingelschnur in die Hand und zog einmal kurz daran. „Nur eine Attrappe“, sagte er. „Sie ist nicht einmal mit einem Draht verbunden. Sehen Sie, sie hängt an einem Haken über der kleinen Ventilatoröffnung.“ „Eigenartig! Das ist mir nie zuvor aufgefallen.“
Holmes zog noch einmal an der Schnur. „Nicht das einzige an diesem Zimmer, das eigenartig ist. Was für ein Idiot von Architekt muss das gewesen sein, der einen Ventilator nach dem anderen Zimmer legt und nicht an die Außenwand.“
„Der Ventilator ist auch noch nicht sehr alt“, sagte Miss Stoner. „Wurde er gleichzeitig mit der Klingelschnur eingebaut?“
„Ja. Damals wurden verschiedene Kleinigkeiten geändert.“
„Interessante Kleinigkeiten – Klingel-Attrappen und Ventilatoren ohne Frischluft. Wenn Sie erlauben, Miss Stoner, werden wir uns jetzt im nächsten Zimmer umsehen.“
Dr. Grimesby Roylotts Zimmer war größer als das seiner Stieftochter, aber genauso einfach eingerichtet. Ein Bett, ein kleines hölzernes Bücherregal, ein Holzstuhl, ein runder Tisch und ein großer Safe waren die Haupteinrichtungsgegenstände.
„Was ist hier drin?“, fragte Holmes und legte die Hand auf den Safe. „Die Geschäftspapiere meines Stiefvaters.“ „Sie haben den Safe also schon offen gesehen?“
„Einmal nur, vor ein paar Jahren. Damals war er mit Papieren angefüllt.“ „Eine Katze kann nicht drin sein?“
„Nein. Wie kommen Sie denn darauf?“
Holmes hob eine kleine Untertasse mit Milch hoch, die auf dem Safe stand.
„Katzen haben wir nicht im Haus. Aber der Leopard ...“
„Natürlich! Auch ein Leopard ist eine Katze, ein bisschen groß allerdings, und ob solch ein Tier mit einer Schale Milch zufrieden sein wird?“
Er kniete vor dem Holzstuhl nieder und untersuchte aufmerksam den Sitz.
„Das hätten wir also auch“, sagte er schließlich. Er erhob sich und steckte das Vergrößerungsglas wieder ein. „Hallo! Noch eine Kleinigkeit!“ Er hatte eine kleine Hundepeitsche entdeckt, die über dem Bettende hing. Die Peitschenschnur war am Stiel so festgebunden, dass sie eine Schlinge bildete.
„Was hältst du davon, Watson?“ „Eine ganz alltägliche Peitsche. Aber warum ist sie nur so festgebunden?“
„Das ist nicht ganz so alltäglich, was? Miss Stoner, ich habe genug gesehen. Ich danke Ihnen.“
So grimmig entschlossen und so ernst hatte ich Holmes noch nie gesehen. Wir verließen das Haus und gingen auf dem Rasen auf und ab. Weder Miss Stoner noch ich wagten es, ihn zu stören. Endlich blickte er auf.
„Ihr Leben. hängt davon ab, Miss Stoner“, sagte er, „dass Sie sich in jedem einzelnen Punkt so verhalten werden, wie ich es Ihnen jetzt sagen werde.“
„Ich verspreche es Ihnen.“
„Dr. Watson und ich werden diese Nacht in Ihrem Zimmer verbringen.“ Miss Stoner und ich blickten ihn verblüfft an.
„Ich will es Ihnen erklären. Wenn ich mich nicht täusche, liegt in dieser Richtung das Dortgasthaus?“ „Ja, die ‚Krone‘.“
„Sehr gut. Kann man von dort Ihre Fenster sehen?“ „Ja.“
„Sie müssen auf Ihrem Zimmer bleiben, wenn Ihr Stiefvater zurückkommt. Erfinden Sie eine Ausrede. Sagen Sie, Sie hätten Kopfweh. Wenn Sie hören, dass er in sein Zimmer geht, stellen Sie die Lampe als Zeichen für uns auf. Gehen Sie dann leise in das Zimmer, in dem Sie sonst schlafen. Sicher wird das trotz der Bauarbeiten für eine Nacht möglich sein.“
„O ja, das geht.“
„Den Rest überlassen Sie uns.“ „Was wollen Sie tun?“
„Wir werden die Nacht in Ihrem Zimmer verbringen, dem Zimmer Ihrer Schwester, um genau zu sein, und uns

und uns mit den Geräuschen beschäftigen, die Sie gehört haben."
„Ich habe das Gefühl, Mr. Holmes, daß Sie bereits zu einem Schluss gekommen sind", sagte Miss Stoner. Sie legte ihre Hand auf Holmes' Arm. „Vielleicht."
„Dann flehe ich Sie an, sagen Sie mir, wie meine Schwester gestorben ist." „Ich möchte Beweise haben, ehe ich darüber spreche."
„Sagen Sie mir wenigstens, ob meine Vermutung stimmt, dass sie sich zu Tode erschreckt hat."
„Nein, das glaube ich nicht. Jetzt müssen wir Sie aber verlassen, Miss Stoner. Wenn Dr. Roylott zurückkäme und uns hier fände, dann wäre alles vergeblich. Leben Sie wohl. Seien Sie tapfer. Wenn Sie meinen Rat genau befolgen, werden wir dem Spuk bald ein Ende bereitet haben."
Wir mieteten in der ‚Krone' ein Zimmer. Von unserem Fenster aus konnten wir das Eingangstor und den Wohnflügel des Gutshauses beobachten.
Bei Einbruch der Dunkelheit sahen wir Dr. Grimesby Roylott zurückkommen. Ein wenig später ging in einem der Wohnzimmer das Licht an.
„Ich muss gestehen, Watson", sagte Holmes, als wir im Dunkeln am Fenster saßen, „es sind mir Bedenken gekommen, dich heute Nacht mitzunehmen. Die Sache ist sehr gefährlich."
„Kann ich dir dabei helfen?"
„Deine Gegenwart kann von unschätzbarem Wert sein." „Dann komme ich auf jeden Fall mit."
„Ich danke dir." „Du sprichst von Gefahr. Natürlich hast du wieder mehr gesehen als ich."
„Nein, vielleicht gehen nur meine Schlussfolgerungen etwas weiter. Ich denke doch, dass du genausoviel bemerkt hast wie ich."
„Außer dieser Klingelschnur fiel mir eigentlich nichts Außergewöhnliches auf."
„Hast du den Ventilator gesehen?"
„Ja, trotzdem finde ich es nicht so ungewöhnlich. Im übrigen ist die Öffnung zum anderen Zimmer so klein, dass kaum eine Maus durchschlüpfen könnte."
„Ich wusste von diesem Ventilator, ehe wir überhaupt nach Stoke Moran kamen." „Na, na ..."
„Erinnerst du dich, dass sie uns erzählte, ihre Schwester habe gerochen, dass Dr. Roylott in seinem Zimmer eine Zigarre rauchte. Es war also anzunehmen, dass zwischen diesen beiden Räumen eine Verbindung bestand. Ich tippte auf einen Ventilator."
„Nun gut, aber was ist Schlimmes an einem Ventilator?"
„Die eigenartige zeitliche Übereinstimmung. Ein Ventilator wird installiert, eine Klingelschnur wird angebracht, eine junge Dame, die im Bett schläft, stirbt unvermittelt."
„Ich kann immer noch keinen Zusammenhang entdecken."
„Das Bett. Fiel dir daran nicht irgend etwas Ungewöhnliches auf?" „Nein."
„Es war am Fußboden festgeschraubt. Hast du je schon einmal ein fest geschraubtes Bett gesehen?" „Nein, nicht daß ich wüsste."
„Die junge Dame konnte ihr Bett nicht verschieben. Ventilator und Seil – so können wir es ruhig nennen, denn eine Klingelschnur war es nie – mussten immer in gleichbleibender Entfernung vom Bett sein."
„Holmes", rief ich, „ich glaube, langsam verstehe ich. Wir sind wirklich im letzten Augenblick gekommen, um ein zweites Verbrechen zu verhindern."
„Teuflisch und klug. Ein Arzt, der zum Verbrecher wird, ist besonders gefährlich. Er ist kaltblütig, und er kennt viele Mittel und Wege. Heute Nacht könnten wir ausziehen, das Fürchten zu lernen."
Gegen neun Uhr gingen die Lichter zwischen den Bäumen aus. Das Gutshaus versank im Dunkel. Zwei Stunden vergingen. Plötzlich, Punkt elf, leuchtete ein einzelnes helles Licht auf.
„Unser Zeichen!" Holmes sprang auf. „Es ist das mittlere Fenster."
Durch die dunkle Straße fegte ein kalter Wind. Es war nicht schwierig, in den Park zu gelangen. Im Schutze der Bäume schlichen wir leise bis zum Rasen. Wir wollten eben durchs Fenster steigen, als aus dem verwilderten Buschwerk ein dunkler Schatten hervorstürzte. Er sah aus wie ein grausig verkrüppeltes Kind, warf sich mit zuckenden Gliedern ins Gras und verschwand dann schnellfüßig in der Dunkelheit.
„Mein Gott!", flüsterte ich. „Hast du das gesehen?"
Holmes war im ersten Augenblick genauso erschrocken wie ich. Seine Finger schlossen sich mit hartem Griff um mein Handgelenk. Dann fing er leise zu lachen an. „Ein reizender Haushalt", flüsterte er, „das war der Pavian." Ich hatte die seltsamen Haustiere des Doktors völlig vergessen. Da war ja auch noch ein Leopard; wenn wir Glück hatten, konnte er uns jeden Moment anspringen. Ich muss gestehen, dass ich aufatmete, als ich schließlich mit Holmes zusammen im Schlafzimmer angelangt war. Er schloss behutsam die Läden, stellte die Lampe auf den Tisch und blickte sich im Zimmer um. Es war alles unverändert.
Holmes kam ganz nahe zu mir heran und flüsterte beinahe unhörbar an meinem Ohr: „Das geringste Geräusch kann alles verderben." Ich nickte, zum Zeichen, dass ich verstanden hatte.
„Schlafe nur nicht ein! Es könnte dich das Leben kosten. Revolver bereit? Ich setze mich aufs Bett, nimm du den Stuhl." Ich legte meinen Revolver vor mich auf den Tisch.
Holmes hatte einen langen dünnen Rohrstock mitgebracht und legte ihn neben sich aufs Bett, daneben eine Schachtel mit Streichhölzern und einen Kerzenstumpf. Schließlich löschte er die Lampe.
Wir saßen im Dunkeln. Aus der Ferne hörten wir alle Viertelstunde die tiefen Glockentöne der Kirchenuhr. Eine Ewigkeit schien zwischen diesen Tönen zu liegen! Zwölf Uhr. Eins, zwei. Um drei Uhr saßen wir immer noch

in fieberhafter Spannung und warteten auf etwas, das wir nicht kannten.
Plötzlich fiel ein Lichtstrahl durch den Ventilator. Er erlosch sofort wieder. Ich hörte, wie sich im Nebenzimmer jemand leise bewegte. Dann war wieder alles still. Eine halbe Stunde lang lauschte ich angespannt. Dann hörte ich plötzlich wieder etwas – ein schwaches, zischendes Geräusch.
Im gleichen Augenblick sprang Holmes vom Bett auf und schlug wie wild mit seinem Stock auf die Klingelschnur ein.
„Siehst du sie, Watson?“, schrie er gellend. „Siehst du sie?“
Ich sah nichts. Als ich die Kerze anzündete, hörte ich ein leises klares Pfeifen. Der Lichtschein blendete mich aber so, dass ich nicht erkennen konnte, worauf Holmes so wild einhieb. Ich sah nur sein bleiches, verzerrtes Gesicht. Er hielt seinen Stock nun ruhig in der Hand und starrte zum Ventilator hinauf, als plötzlich die Stille der Nacht durch einen entsetzlichen, markerschütternden Schrei zerrissen wurde. Schmerz, Angst und Wut vereinten sich in einem entsetzlichen, heiseren Gebrüll. Ich war wie gelähmt. Ich starrte auf Holmes, bis die Schreie erstarben und uns wieder die Stille der Nacht umgab.
„Was war das?“, flüsterte ich mit erstickter Stimme.
„Vielleicht ist es so am besten“, sagte Holmes. „Nimm deinen Revolver, wir gehen in Dr. Roylotts Zimmer.“
Er zündete die Lampe an und öffnete die Tür zum Korridor. Er klopfte zweimal. Es kam keine Antwort. Dann druckte er die Türklinke nieder und trat ein. Ich folgte ihm mit entsichertem Revolver.
Auf dem Tisch stand eine Sturmlaterne. Ihr Licht fiel auf den Safe, dessen Tür weit offenstand. Neben dem Tisch saß Dr. Roylott, in einem langen grauen Morgenrock, die nackten Füße in flachen roten Türkenpantoffeln. Auf seinem Schoß lag die Hundepeitsche.
Seine schrecklich starren Augen waren auf eine Ecke der Zimmerdecke gerichtet. Um seine Stirn wand sich ein eigenartiges gelbes Band mit bläulichen Tupfen. Er rührte sich nicht.
„Das Band! Das gesprenkelte Band!“, flüsterte Holmes.
Ich trat einen Schritt vor. In der gleichen Sekunde begann der unheimliche Kopfschmuck sich zu bewegen. Aus den Haaren des Doktors erhob sich der flache Kopf einer Schlange.
„Eine ‚Swamp adder‘ “, schrie Holmes. „Die gefährlichste Schlange Indiens. Ihr Biss tötet in zehn Sekunden.“
Er nahm dem Toten die Hundepeitsche aus den Händen, warf dem Reptil blitzschnell die Schlinge um den Hals und trug es mit weit ausgestrecktem Arm zum Safe zurück. Die schwere Tür schlug zu.
So starb Dr. Grimesby Roylott von Stoke Moran.

Als der Tag kam, setzten wir die verstörte Miss Stoner in den Zug, der sie nach Harrow zu ihrer Tante brachte. Erst als wir nach London zurückfuhren, klärte Holmes mich über die letzten, mir noch dunklen Punkte auf. „Ich war zu einem völlig falschen Schluss gekommen, Watson. Das beweist wieder einmal, wie gefährlich es sein kann, aus unzulänglichen Unterlagen Schlüsse zu ziehen. Die Anwesenheit der Zigeuner und die letzten gestammelten Worte, mit denen das arme Mädchen zweifellos das Schreckliche beschreiben wollte, das sie im flackernden Licht ihres Streichholzes gesehen hatte, brachten mich auf eine vollkommen falsche Spur, die Zigeuner nämlich. Korrigieren konnte ich mich erst in dem Augenblick, als ich erkannte, dass die Gefahr weder vom Fenster noch von der Tür her kommen konnte.
Meine ganze Aufmerksamkeit galt jetzt dem Ventilator und der Klingelschnur. Die Entdeckung, dass es sich dabei um eine Attrappe handelte und dass das Bett am Fußboden festgeschraubt war, erweckte sogleich in mir den Verdacht, dass das Seil nur als Brücke dienen konnte. Ich dachte sofort an eine Schlange. Da mir bekannt war, dass der Doktor indische Tiere hielt, baute ich diese Theorie aus.
Siehst du, Watson, die Idee, den Mord mit Hilfe eines Giftes auszuführen, das nicht nachgewiesen werden kann, passte sehr gut zu einem klugen und kaltblütigen Mann, der lange Jahre im Osten gelebt hat. Wichtig für ihn war auch die schnelle Wirksamkeit des Giftes. Dass bei einer Untersuchung die zwei kleinen dunklen Punkte, die die Giftzähne hinterlassen hatten, bemerkt würden, war unwahrscheinlich.
Dann das Pfeifen. Dr. Roylott musste die Schlange ja wieder zurückrufen. Wahrscheinlich hat er sie abgerichtet, auf seinen Pfiff hin zurückzukommen. Er ließ sie also durch den Ventilator kriechen. Sie musste an dem Seil auf das Bett hinabgleiten, eine andere Möglichkeit gab es nicht. Ob sie nun gleich beim erstenmal zubiss oder nicht, konnte er zwar nicht im Voraus wissen, aber früher oder später musste es eben doch geschehen, und das Opfer war rettungslos verloren.
Soviel war mir bereits klar, als ich das Zimmer des Doktors betreten hatte. Als ich dann noch den Stuhl untersuchte, sah ich, daß er oft auf dem Sitz gestanden haben musste, und das war natürlich unumgänglich, wenn er zum Ventilator reichen wollte.
Der Safe, das Schälchen Milch, die zu einer Schlinge geknüpfte Peitschenschnur – das alles gab mir die letzte Gewissheit. Das Metallgeräusch, das Miss Stoner gehört hatte, rührte offensichtlich daher, dass der Doktor die Tür zum Safe etwas zu hastig hinter dem unheimlichen Tier geschlossen hatte.
Soviel also wusste ich, als ich die Schlange zischen hörte. Ich schlug auf sie ein.“ „Du triebst sie so wieder durch den Ventilator zurück.“
„Nicht nur das. Ich reizte sie damit, dass sie auf ihren Herrn losging. Indirekt also trifft mich die Schuld an Dr. Grimesby Roylotts Tod, aber ich muss gestehen, Watson, diese Schuld lastet nicht allzuschwer auf meinem Gewissen.“

A. C. Doyle: Das gefleckte Band © Bertelsmann Verlag München

D	Name: ______________________________	Datum: ______________________	

Inhaltsangabe
Das gefleckte Band (Arthur Conan Doyle)

Die Kriminalerzählung „Das gefleckte Band" von Arthur Conan Doyle ist eine der berühmtesten Detektivgeschichten mit Sherlock Holmes, der einen heimtückischen Mord aufklärt und einen zweiten nur knapp verhindern kann. Die Geschichte spielt im 19. Jahrhundert in London und Umgebung.

Eine verzweifelte Frau namens Helen Stoner, die bei ihrem Stiefvater Dr. Grimesby Roylott auf dem Gut Stoke Moran lebt, sucht Sherlock Holmes auf und berichtet, dass ihre Schwester Julia vor zwei Jahre auf ungeklärte Weise ums Leben kam. Sie starb kurz vor ihrer Hochzeit vor den Augen ihrer Schwester. Sie hatte zuvor von einem leisen Pfeifen berichtet, das sie häufig in ihrem Zimmer vernahm. Helen Stoner steht ebenfalls kurz vor ihrer Heirat und hat das Gefühl, in Gefahr zu sein. Sie hatte aufgrund von Bauarbeiten im Zimmer ihrer toten Schwester übernachtet und

ebenfalls ein Pfeifen vernommen. Holmes verspricht, am Nachmittag zu ihr nach Stoke Moran zu kommen und sich ein Bild vom Tatort zu machen. Kurz darauf taucht Dr. Roylott auf und bedroht Sherlock Homes und Dr. Watson. Erste Recherchen der Detektive zeigen, dass den Schwestern Helen und Julia im Falle einer Eheschließung fast das gesamte Familienvermögen zukommen und ihr Stiefvater Roylott dabei leer ausgehen würde. Holmes und Watson brechen nach Stoke Moran auf. Sie besichtigen die drei nebeneinanderliegenden Schlafzimmer und entdecken Merkwürdiges. Unter anderem ist das Bett in Julias Zimmer am Boden festgeschraubt, es gibt einen Ventilator hin zum Schlafzimmer von Roylott und die Bedienstetenklingel mit dem Klingelband entpuppt sich als Attrappe. Im Zimmer von Roylott finden sie einen Tresor, eine Art Peitsche und ein Schälchen Milch. Sie erfahren, dass Roylott eine Schwäche für tropische Tiere hat. Er besitzt einen Affen und einen Leoparden. Holmes schickt Helen in einen nahe gelegenen Gasthof, von dem aus sie die Fenster von Stoke Moran sehen kann. Sie soll Holmes und Watson ein Zeichen geben, wenn das Licht im Zimmer ihres Stiefvaters ausgeht. Die beiden Männer übernachten in jenem Zimmer, in dem vor zwei Jahren Helens Schwester starb und in dem eigentlich nun Helen schlafen müsste. Weit nach Mitternacht vernehmen sie ein Pfeifen. Holmes schlägt daraufhin wie wild auf die Klingelschnur ein. Es ist eine kurze Zeit ruhig, dann vernehmen sie das schreckliche Schreien des Hausherrn. Sie finden ihn tot in seinem Zimmer. Das gefleckte Band um seinen Kopf entpuppt sich als ‚Swamp adder', als die giftigste Schlange Indiens. Dr. Grimesby Roylott stirbt durch den Biss seiner Schlange. Holmes erklärt Watson am Ende noch einmal ausführlich das Motiv und den Tatvorgang.

Bianca Langlotz (M8)

Arbeitsaufgabe:
Gib mit Hilfe der Bilder den Inhalt der Erzählung „Das gefleckte Band“ wieder.

Good Bye, Lenin
(Film, 2003)

Der Film erzählt die Erlebnisse der ostdeutschen Familie Kerner. Er beginnt im Sommer 1978, als sich der Familienvater in den Westen absetzt und seine Frau Christiane und die beiden Kinder Alexander und Ariane in der DDR zurücklässt. Zuerst von der Politik der DDR nicht sehr begeistert, beginnt Christiane nach schweren Depressionen, sich – nicht ganz freiwillig, da man ihr drohte, die Kinder wegzunehmen – für den Sozialismus einzusetzen.
Elf Jahre später, am 7. Oktober 1989, soll die Mutter anlässlich des 40. Jahrestages der DDR eine Auszeichnung erhalten. Auf dem Weg dorthin wird sie zufällig Zeugin einer Demonstration, an der sich auch Alexander beteiligt. Als sie mit ansieht, wie die Demonstration von der Volkspolizei zerschlagen und Alexander festgenommen wird, bricht sie zusammen und fällt ins Koma.
Wenige Wochen später fällt die Mauer. Auch sonst ändert sich einiges für die Kerners. Alexanders Betrieb wird abgewickelt, er ist nunmehr Vertreter für Satellitenschüsseln. Außerdem verliebt er sich in die russische Krankenschwester Lara. Seine Schwester Ariane bekommt einen Job bei Burger King, verliebt sich in einen Westdeutschen und wird ein zweites Mal schwanger. Im Juni 1990, als Alex zum ersten Mal Lara küsst, wacht die Mutter plötzlich aus dem Koma wieder auf.
Da für ihren Kreislauf die kleinste Aufregung gefährlich sein kann, darf sie auf keinen Fall von den tiefgreifenden Veränderungen der letzten Monate erfahren. Deshalb lässt Alex in ihrer Wohnung die DDR wiederaufleben. Dies gestaltet sich aber schwieriger, als es zunächst anmutet. Vor ihrem Fenster etwa wird ein riesiges Coca-Cola-Plakat angebracht. Spreewaldgurken, Mocca Fix Gold und Rotkäppchen-Sekt sind jetzt noch schwieriger aufzutreiben als zuvor. Und als sie auch noch Alexander dazu überreden kann, ihr einen Fernseher ans Bett zu stellen, muss er mit seinem Kumpel Denis abends falsche Aktuelle-Kamera-Berichte drehen. Alex bemerkt, dass „seine DDR“ immer mehr zu der DDR wird, die er sich immer gewünscht hat.

Nachdem sie von ihrer Familie eines Tages mit verbundenen Augen zur Datsche gefahren wird, enthüllt sie dort ihre große Lebensbeichte: ihr Mann hat sie nicht – wie immer behauptet – wegen einer anderen Frau verlassen, sondern es war geplant, dass sie mit den Kindern später in den Westen nachkommt. Jedoch blieb sie aus Furcht vor den Konsequenzen eines Ausreiseantrages – die Stasi hätte ihr eventuell die Kinder wegnehmen können – im Osten. Am selben Abend muss die Mutter plötzlich ins Krankenhaus eingeliefert werden. Alexander gelingt es, seinen Vater ausfindig zu machen und bewegt ihn zu einem Besuch bei ihr. Denis und Alex produzieren einen letzten Bericht der Aktuellen Kamera, in dem Sigmund Jähn zum Staatsratsvorsitzenden ernannt wird und die DDR an ihrem 41. Jahrestag ihre Grenze zur BRD öffnet, was nach dem fingierten Bericht der Aktuellen Kamera zu einem Massenansturm in das sozialistische Deutschland führt. Leute, die den Kapitalismus satt hatten, machen sich freudig auf den Weg. Jedoch erzählt Lara Christiane die Wahrheit über die deutsche Wiedervereinigung, bevor Christiane der letzte falsche Bericht gezeigt wird. Christiane ist beeindruckt von den Bemühungen von Alex und enthüllt nicht, dass sie von der Wende weiß. Drei Tage nach dem ersten Tag der deutschen ‚Einheit‘ stirbt Christiane. Alex ist davon überzeugt, sie starb glücklich und im Glauben an die Überlegenheit der DDR.

© wikipedia

DANiEL BRÜHL
KATRiN SASS
GOOD BYE
LENIN!
UN FiLM DE
WOLFGANG BECKER
www.ocean-films.com
COMPETITION

Die Brücke
(Film, 1959)

Der Film „Die Brücke“ ist ein deutscher Antikriegsfilm von Bernhard Wicki aus dem Jahre 1959. Er basiert auf dem im Jahr zuvor erschienenen gleichnamigen autobiografischen Roman von Manfred Gregor, in welchem er seine Kriegserlebnisse verarbeitet hat. Bernhard Wicki hat diesen eher patriotischen Roman im Drehbuch zu einem Kriegsdrama umgesetzt.
April 1945 – die letzten Kriegstage. Ein feindlicher Bomber wirft über einer deutschen Kleinstadt Bomben ab, glücklicherweise wird bei diesem Luftangriff nur wenig Schaden angerichtet, da die tödliche Fracht im Fluss landet. In diesem Städtchen stehen sieben etwa 16 Jahre alte Jungen einer Schulklasse kurz vor der Einberufung zur Wehrmacht. Jeder der Jungen hat einen anderen sozialen Hintergrund. Walter ist der Sohn des Ortsgruppenleiters der NSDAP, Jürgen der Sohn einer alten Offiziersfamilie, der sich freiwillig zum Kriegsdienst gemeldet hat. Hans und Klaus sind „kinderlandverschickt“, um vor den alliierten Luftangriffen auf ihre bedrohten Heimatstädte geschützt zu sein. Die Väter der Jungen sind – bis auf den Vater von Karl, der Kriegsversehrter ist und ein Friseurgeschäft führt, und den Ortsgruppenleiter Forst – alle an der Front oder bereits gefallen. Insbesondere der Offizierssohn Jürgen ärgert sich, dass die Einberufung noch nicht gekommen ist, und unternimmt erfolgreich Schritte zur Beschleunigung. Als es soweit ist, sind die meisten Erwachsenen – Mütter, Lehrer, der Dorfpolizist – verzweifelt und fassungslos. Doch niemand wagt, gegen die Einberufung der Jungen Widerspruch einzulegen. Diese hingegen freuen sich auf das „Abenteuer Krieg“, „sich endlich im Kampf bewähren zu dürfen, um das Vaterland zu retten“.
Einer ihrer Lehrer, Studienrat Stern, setzt sich beim zuständigen Hauptmann Fröhlich für die Jungen ein. Fröhlich jedoch verweigert ihm jede Hilfe, da er seinen Befehl hat und die Jungs seiner Meinung nach Idealisten sind. Nach nur einem Tag Grundausbildung sollen sie bereits eingesetzt werden, da die Front sehr nahe gekommen und die Lage höchst brisant geworden ist. Allerdings sucht Hauptmann Fröhlich schließlich doch nach Möglichkeiten, um die Jungen vor dem Schlimmsten zu bewahren. Gegenüber seinem Bataillonskommandeur Oberstleutnant Bütov gibt er zu bedenken, dass die zu jungen und zu schlecht ausgebildeten Soldaten beim ersten scharfen Schuss vom Kampfplatz flüchten und damit die ganze Kompanie in Panik versetzen würden. Bütov lässt sich nach anfänglichem Zögern überreden und befiehlt, die sieben Jungen zur Verteidigung einer anscheinend völlig unwichtigen Brücke in ihrem Heimatstädtchen einzusetzen, was ihnen allerdings missfällt, da sie lieber an vorderster Front kämpfen würden. Die Jungen werden dem erfahrenen Unteroffizier Heilmann unterstellt, der dafür sorgen soll, dass sie die Brücke verlassen, bevor der Feind angreift, weil sie ohnehin von Anfang an zur Sprengung vorgesehen war und die Amerikaner schon einen Brückenkopf weiter nördlich erobert haben. Als Heilmann ohne sein Gewehr Kaffee holen geht, wird er von fanatischen Feldgendarmen für einen Deserteur gehalten und nach einer Auseinandersetzung auf der Flucht erschossen.

Obwohl sie von einem älteren Zivilisten und sich zurückziehenden Wehrmachtssoldaten gewarnt werden, betrachten die allein gelassenen Jugendlichen ihren Auftrag als „nationale Verpflichtung“ und harren aus – zunächst noch in der immer mehr schwindenden Hoffnung, dass ihr Unteroffizier zurückkommt. Als Hans vorschlägt, doch nach Hause zu gehen, stellt sich Jürgen vehement dagegen. Er sorgt mit forschem Befehlston dafür, dass alle am Kampfplatz verbleiben und nicht „feige“ sind.
Schon sehr bald werden sie mit der harten Realität des Krieges konfrontiert. Als in weiter Entfernung eine feindliche Jagdmaschine vorbeifliegt, wirft sich Siegfried (genannt „Sigi“ – der jüngste und körperlich kleinste der Jungs) auf den Boden und wird daraufhin von seinen Freunden ausgelacht. Der Jagdflieger kehrt jedoch zurück und greift die Brücke an. Dieses Mal werfen sich die übrigen Jungen in Deckung. Siegfried aber bleibt mit weit aufgerissenen Augen stehen und wird tödlich getroffen. Bald darauf geraten sie ins Gefecht mit der anrückenden US-amerikanischen Truppenspitze. Jürgen fällt einem Scharfschützen zum Opfer, Walter findet bei der Explosion eines von ihm abgeschossenen Panzers den Tod.

Ein angeschossener amerikanischer Soldat ruft den Jungen zu: „Give up, stop shooting! We don't fight kids! Go home or go to kindergarden!". Schon zuvor hatten sich die Jungen von den eigenen Soldaten und Offizieren zahlreiche Anspielungen auf ihr junges Alter anhören müssen. Durch den Ausdruck „kindergarden" gereizt, feuert Karl daher verbissen eine Maschinengewehrsalve ab, die den Bauch des Soldaten aufreißt und ihn unter qualvollen Schmerzen sterben lässt. Auf die flehenden, verzweifelten Rufe seines Kameraden Klaus, dem Soldaten doch den Gnadenschuss zu geben, kann Karl nicht mehr reagieren, denn er fällt in diesem Augenblick durch einen Kopfschuss. Klaus erleidet daraufhin einen Nervenzusammenbruch, der ihm zum tödlichen Verhängnis wird, da er unkontrolliert ins feindliche Feuer läuft. Die US-Amerikaner ziehen sich schließlich wegen des hartnäckigen Widerstandes zurück – vorerst jedenfalls.
Als am Ende die Brücke, die die Jungen unter so großen Opfern verteidigt haben, doch noch wie geplant von drei Wehrmachtssoldaten gesprengt werden soll, stellen sich Hans und Albert, die beiden letzten Überlebenden, dem Sprengkommando entgegen. Nach einem kurzen Disput erschießt Albert einen der drei Soldaten von hinten, als dieser Hans mit der Waffe bedroht. Die anderen fliehen und schießen Hans dabei mit einer Salve aus einer Maschinenpistole an. Auch Hans stirbt, und so bleibt nur ein einziger, verletzter und zutiefst verstörter Jugendlicher übrig. Der Film schließt mit einer stummen Betrachtung der apokalyptischen Szene von oben. Eingeblendet wird der Hinweis: „Dies geschah am 27. April 1945. Es war so unbedeutend, dass es in keinem Heeresbericht erwähnt wurde."

© Wikipedia

D	Name: ______________________	Datum: ________________	

Inhaltsangabe
Der Turnschuh als Kultobjekt (Anette Tinzmann)

Früher trug man Turnschuhe, weil sie billig waren und strapazierfähig. Doch seit sich Politiker, Filmstars, Popbands oder sogar der Papst zu der neuen Laufmasche bekennen, bricht der Turnschuh sämtliche Tabus. Nicht Kleider machen Leute, sondern der Turnschuh. Niemanden kümmert es, wenn man im Sporttreter zur Arbeit erscheint. In Großstädten hecheln Businessfrauen und -männer – oben in Designerkleidung gehüllt – mit dem berühmten Sportschuh durch die City, damit es schneller geht. Im Aktenkoffer hat man selbstverständlich noch ein paar Vorzeigeschuhe dabei.

Dabei hat der Turnschuh heutzutage auch das etwas altmodisch wirkende Sprachimage abgelegt. Was früher Turnschuh hieß, und für sämtliche Leibesübungen tauglich war, heißt heute im Allgemeinen Sportschuh und hat sich mit griffigen Bezeichnungen, meist Anglizismen, allgemeinen Trends im Sport und anderswo angepasst. Running-Schuhe, Jogging-Schuhe und Walking-Schuhe teilen sich den Bereich der sogenannten Laufschuhe, für jede Sportart (z. B. Fußball, Basketball, Volleyball, Tennis etc.) gibt es ein spezielles, auf diese Sportart zugeschnittenes Angebot. Aber auch den Übergang von der rein sportlichen Betätigung zur Freizeit hat der moderne Sportschuh längst vollzogen. Freizeitschuhe im Sportschuhdesign erfüllen heute die unterschiedlichsten Ansprüche der Kunden an Brauchbarkeit, Zweckmäßigkeit, Tragekomfort und Lifestyle. Ob beim Sport, zu Anzügen, Kostümen oder zu Jeans, der moderne Sportschuh ist längst zum Allerweltsschuh geworden und hat sämtliche Lebensbereiche erobert. In Büros werden heutzutage wohl mehr Nike-, Fila-, Reebok-, Adidas- oder Pumaschuhe getragen als im Sport. Der gute alte Turnschuh, der sich zum modernen Sportschuh gemausert hat, besitzt längst Kultstatus und dient der Imagepflege. Dementsprechend sind auch die Zeiten billiger Turnschuhe vorbei. Für einen guten und modischen Sportschuh können heute schon mal 150 € über den Ladentisch gehen. Und selbst beim Internet-Auktionshaus ebay kommen Marken-Sportschuhe unter den Hammer.

Kaum ein Kinderfuß zeigt sich heute noch in einem Lackschuh und für eine Reihe Jugendlicher liegt der moderne Sportschuh erst dann richtig im Trend, wenn ihn die Übergröße, dazu ungebunden, richtig „cool“ erscheinen lässt.

Der Sportschuh ist Kultobjekt und dies schon für die zweite oder dritte Turnschuhgeneration. Nach den siebziger Jahren eroberte er die nächste Generation seit Mitte der achtziger Jahre und seit den neunziger Jahren ergriff er in einer ungeheuren Produktvielfalt und mit neuartigen HighTech-Materialien die Füße der heutigen Sportschuh-Community. Selbst die Modemacher lassen sich von dem neuen Kult inspirieren. Längst schmücken Edelturnschuhe die zarten Füße der Models auf den Laufstegen. Ob Chanel, Jean-Paul Gautier oder Ralph Lauren – der Turnschuh als modisches Acessoire ist aus den Schaufenstern selbst von Edelboutiquen kaum mehr wegzudenken. Aber mit einem Boom wächst auch der Anspruch der Kunden an die Ware. Während der Pheidippes noch barfuß oder gar in Sandalen nach Athen raste, um 490 v. Chr. von dem großen Sieg über die Perser bei Marathon zu berichten, können heutige Sportschuhfans z. B. zwischen „Air“-, „Light-Gel“- oder „Climacool“-Sportschuhen wählen.

Dabei fing 1839 mit Charles Goodyear alles so harmlos an. Er entdeckte, wie man Naturkautschuk vulkanisiert und elastischen Gummi daraus herstellte, Voraussetzung für die den Turnschuh im Besonderen kennzeichnende Gummisohle. Heinrich Franck erstellte 1868 mit Hilfe von Segeltuch, einem Stück aufgerauten Gummi, einigen Metallösen den Wegbereiter für den danach fast unerlässlichen Turnschuh. Die italienische Firma Superga stellte im Jahre 1911 aus diesem Grundstein ihr weltberühmtes Modell „2750“ her und war marktführend auf dem Tenniscourt. Auch heute noch ist der Klassiker „Superga“ der meistverkaufte Sportschuh Europas.

Seit den Dreißigern ging es dem gängigen Turnschuh auch an die Farbe. Bisher in klassischem Weiß gehalten, nahm er nun alle Farben des Regenbogens an und veränderte auch seine Form. Gleichzeitig blühte in den letzten Jahren das Sponsoring-Geschäft auf. Für gigantische Werbeverträge in Millionenhöhe hüpfen Stars aller Kategorien über den Bildschirm, um das neue Supermodell namens „Turnschuh“ der Klientel näher zu bringen.

Arbeitsaufgaben:

❶ Gliedere den Text in Sinnabschnitte und gib jedem Sinnabschnitt eine Überschrift.
❷ Verfasse einen Aussagekern für die Inhaltsangabe.
❸ Schreibe eine Inhaltsangabe zum Text.

Parkplatz gesucht
(Ephraim Kishon)

Eines Morgens erwachte ich in New York mit Zahnschmerzen. Mit ganz gewöhnlichen, ungemein schmerzhaften Zahnschmerzen. Irgendetwas in meinem linken Unterkiefer war nicht in Ordnung, schwoll an und schmerzte. Ich fragte Tante Trude, ob es hier in der Gegend einen guten Zahnarzt gäbe.

Tante Trude kannte ihrer drei, alle in nächster Nähe, was in New York ungefähr so viel bedeutet wie 25 Kilometer Luftlinie. Ich wollte wissen, welcher von den drei Zahnärzten der beste sei. Tante Trude sann lange vor sich hin: Das hängt davon ab. Der Erste hat seine Ordination in der Wall Street. Dort wimmelt es von Zeitungsreportern, und wenn jemand einen Parkplatz findet, wird er sofort von ihnen interviewt. Ich weiß nicht, ob du das mit deinen Zahnschmerzen riskieren willst. Der Zweite hat eine direkte Autobusverbindung von seinem Haus zum nächsten bewachten Parkplatz, aber er ist kein sehr angenehmer Arzt. Ich würde dir zu Dr. Blumenfeld raten. Er wohnt in einem ähnlichen Cottage-Viertel wie wir und hebt in seinen Annoncen immer hervor, dass man dort manchmal in einer nicht allzu weit entfernten Seitenstraße Platz zum Parken findet. Das war entscheidend. Und mein Unterkiefer war um diese Zeit schon so angeschwollen, dass es keine Zeit mehr zu verlieren gab. Ich nahm Onkel Harrys Wagen und sauste los.

Es dauerte nicht lange, bis ich Dr. Blumenfelds Haus gefunden hatte. Auch die im Inserat angekündigten Seitenstraßen waren da, nicht aber der im Inserat angekündigte Platz zum Parken. An beiden Straßenseiten standen die geparkten Wagen so dicht hintereinander, dass nicht einmal die berühmte Stecknadel hätte zu Boden fallen können; sie wäre auf den fugenlos aneinander gereihten Stoßstangen liegen geblieben.

Eine Zeit lang kreuzte ich durch die Gegend wie ein von seiner Flugbahn abgekommener Satellit. Dann geschah ein Wunder. Ich sah es mit meinen eigenen Augen. Das heißt: Ich sah ein Wunder im Anfangsstadium. Ich sah einen amerikanischen Bürger, der sich an der Türe seines geparkten Wagens zu schaffen machte. Schon hielt ich an seiner Seite: „Fahren Sie weg?" „Ob ich – was? Ob ich wegfahre?" Er wollte seinen Ohren nicht trauen. „Herr, ich habe auf diesen Parkplatz zwei Jahre lang gewartet und habe ihn erst im vorigen Herbst erobert. Damals nach dem Hurrikan, der alle hier geparkten Wagen weggefegt hat ..."

Jetzt fiel mir auf, dass das Dach seines Wagens, genau wie das der anderen, mit einer dicken Staubschicht bedeckt war. Da gab es also nichts zu hoffen. Wo ich denn möglicherweise einen Parkplatz finden könnte, fragte ich.

Die Antwort, nach längerem Nachdenken und Hinterkopfkratzen erteilt, verhieß wenig Gutes: „Einen Parkplatz finden ... Sie meinen einen freien Parkplatz? In Texas soll es angeblich noch einige geben. Vergessen Sie nicht, dass sich die Zahl der Autos in Amerika jedes Jahr um ungefähr fünfzehn Millionen vermehrt. Und die Länge der Autos jedes Jahr um ungefähr zehn Inches. Der letzte Gallup-Poll hat ergeben, dass dreiundachtzig Prozent der Bevölkerung das Parkproblem für die gefährlichste Bedrohung ihres Lebens halten. Nur elf Prozent dagegen haben Angst vor dem Atomkrieg."

Mit diesen Worten zog er einen Roller aus dem Fond seines Wagens, stieg mit einem Fuß darauf und ließ den Wagen unverschlossen stehen.

„He! Sie haben nicht abgesperrt!", rief ich ihm nach. „Wozu?", rief er zurück. „Niemand stiehlt mehr ein Auto. Wo sollte er es denn parken?" Mein Zahn trieb mich weiter. Aber es war ganz offenbar sinnlos. Wohin man blickte, stand geparktes Auto an geparktem Auto, und wo kein Auto stand, stand ein Pfosten mit einer Tafel und auf der Tafel stand die Inschrift: „Von Anfang Juli bis Ende Juni Parken verboten", oder „Parkverbot von 0 bis 24 Uhr, Sonn- und Feiertag von 24 bis 0 Uhr".

War aber irgendwo kein Wagen und keine Tafel zu sehen, so stand dort todsicher ein Feuerhydrant, dem man in Amerika unter Androhung schwerster Geld- und Freiheitsstrafen nicht in die Nähe kommen darf, nicht einmal, wenn es brennt. In einer schon etwas weiter entfernten Straße fand ich eine Affiche, aus der hervorging, dass hier am 7. August zwischen 3 und 4 Uhr nachmittags geparkt werden durfte. Ich erwog ernsthaft, so lange zu warten, aber mein Zahn war dagegen.

Endlich schien mir das Glück zu lächeln. Vor einem großen Gebäude sah ich einen leeren, deutlich für Parkzwecke reservierten Raum mit der deutlichen Aufschrift: „Kostenloses Parken für unsere Kunden“. Rasch wie der Blitz hatte ich meinen Wagen abgestellt, stieg aus, fand mich im nächsten Augenblick von hinten an beiden Schultern gepackt und im übernächsten auf einen Stuhl gedrückt, der im Büro einer Versicherungsgesellschaft stand.
„Guten Morgen, mein Herr“, begrüßte mich der Mann hinterm Schreibtisch.
„Wie lange?“
„Ungefähr eineinhalb Stunden.“
Der Versicherungsagent blätterte in seiner Tarifliste: „Das Minimum für neunzig Minuten ist eine Feuer- und Hagelversicherung auf 10000 Dollar.“
Ich erklärte ihm, dass der Wagen bereits versichert war. „Das sagen alle. Darauf können wir keine Rücksicht nehmen.“
„Und ich kann keine Versicherung auf 10000 Dollar nehmen.“
„Dann müssen Sie eben wegfahren.“
„Dann werde ich eben wegfahren.“
Gegenüber dem Versicherungsgebäude befand sich ein Kino. Hinter dem Kino befand sich ein großer Parkplatz. Auf dem großen Parkplatz befanden sich viele große Wagen. Vor den Wagen befanden sich Parkuhren, die sechzig Minuten Maximalzeit vorschrieben. Aus dem Kino kamen fast pausenlos Leute herausgeeilt, warfen Münzen in die Parkuhren und eilten zurück.
Bei Einbruch der Dunkelheit ging mir das Benzin aus. Ich fuhr zu einer Tankstation, und während der Tank gefüllt wurde, fragte ich nach der Toilette. Dort erkletterte ich das Fenster, durchkroch eine Art Schacht, gelangte ins Magazin, stahl mich durch die Hintertüre hinaus und befand mich in einem engen, dunklen, nach Leder riechenden Raum. Es war mein Wagen, den die erfahrenen Tankstellenwärter dort abgestellt hatten. Ihr hämisches Grinsen reizte meinen tief verwundeten orientalischen Stolz.
„Was können Sie sonst noch mit dem Wagen machen?“, fragte ich. „Lassen Sie hören!“
Das Offert kam prompt und sachlich: „Ölwechsel – zehn Minuten. Überholen – eine halbe Stunde. Lackieren – eine Stunde.“
„Lackieren Sie ihn grasgrün und wechseln Sie das Öl.“
Ungesäumt startete ich in Richtung Blumenfeld. Ich schlug ein scharfes Tempo an, denn der Zettel, den man mir an der Tankstelle in die Hand gedrückt hatte, trug folgenden eindeutig präzisierten Text: „Wenn Sie nicht pünktlich nach der vereinbarten Zeit von 1.10 Uhr (das war handschriftlich eingetragen) Ihren Wagen holen, wird er in unserem eigens hierfür konstruierten Parkofen verbrannt.“
Da ich schon lange nicht trainiert hatte, geriet ich leider sehr bald außer Atem. Ich bestieg einen Bus und nahm an der Endstation ein Taxi zu Dr. Blumenfeld. Als ich dort anlangte, waren 42 Minuten vergangen, sodass ich sofort umkehren musste. Ich kam gerade zurecht, wie die Tankstellenwärter sich anschickten, die erste Kanne Kerosin über meinen grasgrünen Wagen zu schütten. Jetzt gab es nur noch eine Möglichkeit, und ich war entschlossen, sie auszunützen: Ich fuhr mit meinem eigenen Wagen vor Dr. Blumenfelds Haus und ließ ihn krachend auf einen Laternenpfahl aufprallen. Erlöst entstieg ich dem Blechschaden und begab mich in die Ordination. Gerade als Dr. Blumenfeld mit der Behandlung fertig war, ertönte von unten zorniges Hupen. Durchs Fenster sah ich, dass es von einem Wagen kam, der dicht hinter dem meinen stand. Ich sauste hinunter. Ein andrer von Dr. Blumenfelds Patienten empfing mich zornschnaubend: „Was bilden Sie sich eigentlich ein, Sie? Glauben Sie, diese Laterne gehört nur Ihnen?“
Ich musste ihm Recht geben. Selbst in Amerika können sich nur die Reichsten der Reichen den Luxus einer eigenen Parklaterne leisten.

Kishon: Das Glück der eigenen Parklaterne

D	Name: ______________________	Datum: ______________	

Inhaltsangabe
Parkplatz gesucht (Ephraim Kishon)

Arbeitsaufgaben:
❶ Formuliere einen aussagekräftigen Basissatz.
❷ Verfasse eine knappe Inhaltsangabe.

zu ❶

zu ❷

D	Name:	Datum:

Inhaltsangabe
Parkplatz gesucht (Ephraim Kishon)

Arbeitsaufgaben:

❶ Formuliere einen aussagekräftigen Basissatz.

❷ Verfasse eine knappe Inhaltsangabe.

zu ❶

Die vorliegende Satire verfasste der israelische Schriftsteller Ephraim Kishon, der sich vor allem durch die Veröffentlichung humorvoller und zugleich gesellschaftskritischer Geschichten einen Namen gemacht hat. Die in der Ich-Form geschriebene Satire erzählt von einem Mann, der in New York mit fürchterlichen Zahnschmerzen einen Parkplatz sucht, um sich einer Behandlung unterziehen zu können.

zu ❷

Seine Tante Trude empfiehlt ihm Dr. Blumenfeld, in dessen Inserat in den Seitenstraßen freie Parkplätze versprochen werden. Vor Ort findet der Patient aber keinen. Autos stehen Stoßstange an Stoßstange, dick mit Staub bedeckt, was darauf hindeutet, dass niemand bereit ist, seinen errungenen Parkplatz wieder herzugeben. Als ein Mann seinen Wagen öffnet, holt er nur einen Roller heraus, um sich damit auf den Weg zu machen. Tante Trudes Neffe sieht nach längerem Suchen eine Parklücke bei einer Versicherungsgesellschaft, die er aber nur in Anspruch nehmen darf, wenn er bei 90-minütiger Parkdauer eine Versicherung über 10000 Dollar abschließe. Er verzichtet und fährt zu einem Kinoparkplatz, wo allerdings im Stundentakt Geld in die Parkuhren nachgeworfen werden muss. Nachdem ihm langsam das Benzin ausgeht, fährt er zu einer Tankstelle weiter, wo er seinen Wagen einfach stehen lassen will, um über die Toilette und einen Lüftungsschacht unbemerkt ins Freie und dann zu Dr. Blumenfeld zu gelangen. Doch die Tankwarte erwarten ihn und schieben ihm hämisch grinsend sein Auto wieder unter. Aus Verzweiflung lässt er seinen Wagen lackieren und das Öl wechseln, was ihm 70 Minuten Zeit bringt, um sich beim Zahnarzt behandeln zu lassen. Der Haken an der Sache ist nur, dass sein Auto nach Ablauf dieser Zeit in einem Ofen verbrannt würde, wenn es nicht pünktlich abgeholt werde. An der Arztpraxis angelangt, sind schon 42 Minuten vergangen und der Patient muss unverrichteter Dinge umkehren. Er kann im letzten Moment das Verbrennen seines Wagens verhindern. Als letzten Ausweg sieht Tante Trudes Neffe nur noch, mit seinem Auto auf den Laternenpfahl vor Dr. Blumenfelds Praxis aufzufahren. Nach der Behandlung ereifert sich ein weiterer Patient, dass auch er ein Anrecht auf diese Laterne habe.

Barbara Frank (9M)

Masken
(Max von der Grün)

Sie fielen sich unsanft auf dem Bahnsteig 3a des Kölner Hauptbahnhofes in die Arme und riefen gleichzeitig: Du?! Es war ein heißer Julivormittag und Renate wollte in den Zug nach Amsterdam über Aachen. Erich verließ diesen Zug, der von Hamburg kam. Menschen drängten aus den Wagen auf den Bahnsteig, Menschen vom Bahnsteig in die Wagen, die beiden aber standen in dem Gewühl, spürten weder Püffe noch Rempeleien und hörten auch nicht, dass Vorübergehende sich beschwerten, weil sie ausgerechnet vor den Treppen standen und viele dadurch gezwungen wurden, um sie herumzugehen. Sie hörten auch nicht, dass der Zug nach Aachen abfahrbereit war, und es störte Renate nicht, dass er wenige Sekunden später aus der Halle fuhr.

Die beiden standen stumm, jeder forschte im Gesicht des anderen. Endlich nahm der Mann die Frau am Arm und führte sie die Treppen hinunter, durch die Sperre, und in einem Café in der Nähe des Doms tranken sie Tee.

Nun erzähle, Renate. Wie geht es dir? Mein Gott, als ich dich so plötzlich sah ... du ... ich war richtig erschrocken. Es ist so lange her, aber als du auf dem Bahnsteig fast auf mich gefallen bist ...

Nein, lachte sie, du auf mich.

Da war es mir, als hätte ich dich gestern zum letzten Male gesehen, so nah warst du mir. Und dabei ist es so lange her ...

Ja, sagte sie. Fünfzehn Jahre.

Fünfzehn Jahre? Wie du das so genau weißt. Fünfzehn Jahre, das ist ja eine Ewigkeit. Erzähle, was machst du jetzt? Bist du verheiratet? Hast du Kinder? Wo fährst du hin? ...

Langsam, Erich, langsam, du bist noch genauso ungeduldig wie vor fünfzehn Jahren. Nein, verheiratet bin ich nicht, die Arbeit, weißt du. Wenn man es zu etwas bringen will, weißt du, da hat man eben keine Zeit für Männer.

Und was ist das für Arbeit, die dich von den Männern fern hält? Er lachte sie an, aber sie sah aus dem Fenster auf die Tauben.

Ich bin jetzt Leiterin eines Textilversandhauses hier in Köln, du kannst dir denken, dass man da von morgens bis abends zu tun hat und ...

Donnerwetter!, rief er und klopfte mehrmals mit der flachen Hand auf den Tisch. Donnerwetter! Ich gratuliere.

Ach, sagte sie und sah ihn an. Sie war rot geworden.

Du hast es ja weit gebracht. Donnerwetter, alle Achtung. Und jetzt? Fährst du in Urlaub?

Ja, vier Wochen nach Holland. Ich habe es nötig, bin ganz durchgedreht. Und du, Erich, was machst du? Erzähle. Du siehst gesund aus.

Schade, dachte er, wenn sie nicht so eine Bombenstellung hätte, würde ich sie jetzt fragen, ob sie mich noch haben will. Aber so? Nein, das geht nicht, sie würde mich auslachen, wie damals.

Ich?, sagte er gedehnt, und brannte sich eine neue Zigarette an. Ich ... ich ... Ach, weißt du, ich habe ein bisschen Glück gehabt. Habe hier in Köln zu tun. Habe umgesattelt, bin seit vier Jahren Einkaufsleiter einer Hamburger Werft, na ja, was Besonderes ist das nun wieder auch nicht.

Oh, sagte sie und sah ihn starr an und ihr Blick streifte seine großen Hände, aber sie fand keinen Ring. Sie erinnerte sich, dass sie vor fünfzehn Jahren nach einem kleinen Streit auseinander gelaufen waren, ohne sich bis heute wieder zu sehen. Er hatte ihr damals nicht genügt, der schmal verdienende und immer ölverschmierte Schlosser. Er solle es erst zu etwas bringen, hatte sie ihm damals nachgerufen, vielleicht könne man später wieder darüber sprechen. So gedankenlos jung waren sie damals. Ach ja, die Worte waren im Streit gefallen und trotzdem nicht böse gemeint. Beide aber fanden danach keine Brücke mehr zueinander. Sie wollten und wollten doch nicht. Und nun? Nun hatte er es zu etwas gebracht.

Dann haben wir ja beide Glück gehabt, sagte sie und dachte, dass er immer noch gut aussieht. Gewiss, er war älter geworden, aber das steht ihm gut. Schade, wenn er nicht so eine Bombenstellung hätte, ich würde ihn fragen, ja, ich ihn, ob er noch an den dummen Streit von damals denkt und ob er mich noch haben will. Ja, ich würde ihn fragen. Aber jetzt?

Jetzt habe ich dir einen halben Tag deines Urlaubs gestohlen, sagte er und wagte nicht, sie anzusehen.

Aber Erich, das ist doch nicht so wichtig, ich fahre mit dem Zug um fünfzehn Uhr. Aber ich, ich halte dich bestimmt auf, du hast gewiss einen Termin hier.

Mach dir keine Sorgen, ich werde vom Hotel abgeholt. Weißt du, meinen Wagen lasse ich immer zu Hause, wenn ich längere Strecken fahren muss. Bei dem Verkehr heute, da kommt man nur durchgedreht an.

Ja, sagte sie. Ganz recht, das mache ich auch immer so. Sie sah ihm nun direkt ins Gesicht und fragte: Du bist nicht verheiratet? Oder lässt du Frau und Ring zu Hause?

Sie lachte etwas zu laut für dieses vornehme Lokal.

Weißt du, antwortete er, das hat seine Schwierigkeiten. Die ich haben will, sind nicht zu haben oder nicht mehr, und die mich haben wollen, sind nicht der Rede wert. Zeit müsste man eben haben. Zum Suchen, meine ich.

Zeit müsste man haben.
Jetzt müsste ich ihr sagen, dass ich sie noch immer liebe, dass es nie eine andere Frau für mich gegeben hat, dass ich sie all die Jahre nicht vergessen konnte. Wie viel? Fünfzehn Jahre? Eine lange Zeit. Mein Gott, welch eine lange Zeit. Und jetzt? Ich kann sie doch nicht mehr fragen, vorbei, jetzt, wo sie so eine Stellung hat. Nun ist es zu spät, sie würde mich auslachen, ich kenne ihr Lachen, ich habe es im Ohr gehabt, all die Jahre. Fünfzehn? Kaum zu glauben.
Wem sagst du das? Sie lächelte.
Entweder die Arbeit oder das andere, echote er.
Jetzt müsste ich ihm eigentlich sagen, das er der einzige Mann ist, dem ich blind folgen würde, wenn er mich darum bäte, dass ich jeden Mann, der mir begegnete, sofort mit ihm verglich. Ich sollte ihm das sagen. Aber jetzt? Jetzt hat er eine Bombenstellung und er würde mich nur auslachen, nicht laut, er würde sagen, dass ... ach ... es ist alles so sinnlos geworden.
Sie aßen in demselben Lokal Mittag und tranken anschließend jeder zwei Kognak. Sie erzählten sich Geschichten aus ihren Kindertagen und später aus ihren Schultagen. Dann sprachen sie über ihr Berufsleben, und sie bekamen Respekt voreinander, als sie erfuhren, wie schwer es der andere gehabt hatte bei seinem Aufstieg. Jaja, sagte sie; genau wie bei mir, sagte er.
Aber jetzt haben wir es geschafft, sagte er laut und rauchte hastig.
Ja, nickte sie. Jetzt haben wir es geschafft. Hastig trank sie ihr Glas leer.
Sie hat schon ein paar Krähenfüßchen, dachte er. Aber die stehen ihr nicht einmal schlecht.
Noch einmal bestellte er zwei Schalen Kognak und sie lachten viel und laut.
Er kann immer noch so herrlich lachen, genau wie früher, als er alle Menschen einfing mit seiner ansteckenden Heiterkeit. Um seinen Mund sind zwei steile Falten, trotzdem sieht er wie ein Junge aus, er wird immer wie ein Junge aussehen, und die zwei steilen Falten stehen ihm nicht einmal schlecht. Vielleicht ist er jetzt ein richtiger Mann, aber nein, er wird immer ein Junge bleiben.
Kurz vor drei brachte er sie zum Bahnhof.
Ich brauche den Amsterdamer Zug nicht zu nehmen, sagte sie. Fahre bis Aachen und steige dort um. Ich wollte sowieso schon lange einmal das Rathaus besichtigen.
Wieder standen sie auf dem Bahnsteig und sahen aneinander vorbei. Mit leeren Worten versuchten sie die Augen des andern einzufangen, und wenn sich dann doch ihre Blicke trafen, erschraken sie und musterten die Bögen der Halle.
Wenn sie jetzt ein Wort sagen würde, dachte er, dann ...
Ich muss jetzt einsteigen, sagte sie. Es war schön, dich wieder einmal zu sehen. Und dann so unverhofft ...
Ja, das war es. Er half ihr beim Einsteigen und fragte nach ihrem Gepäck.
Als Reisegepäck aufgegeben. Natürlich, das ist bequemer, sagte er.
Wenn er jetzt ein Wort sagen würde, dachte sie, ich stiege sofort wieder aus, sofort.
Sie reichte ihm aus dem Abteil erster Klasse die Hand. Auf Wiedersehen, Erich ... und weiterhin ... viel Glück.
Wie schön sie immer noch ist. Warum nur sagt sie kein Wort. Danke, Renate. Hoffentlich hast du schönes Wetter.
Ach, das ist nicht so wichtig, Hauptsache ist das Faulenzen, das kann man auch bei Regen.
Der Zug ruckte an. Sie winkten nicht, sie sahen sich nur in die Augen, solange dies möglich war.
Als der Zug aus der Halle gefahren war, ging Renate in einen Wagen zweiter Klasse und setzte sich dort an ein Fenster. Sie weinte hinter einer ausgebreiteten Illustrierten.
Wie dumm von mir, ich hätte ihm sagen sollen, dass ich immer noch die kleine Verkäuferin bin. Ja, in einem anderen Laden, mit zweihundert Mark mehr als früher, aber ich verkaufe immer noch Herrenoberhemden, wie früher, und Socken und Unterwäsche. Alles für den Herrn. Ich hätte ihm das sagen sollen. Aber dann hätte er mich ausgelacht, jetzt, wo er ein Herr geworden ist. Nein, das ging doch nicht. Aber ich hätte wenigstens nach seiner Adresse fragen sollen. Wie dumm von mir, ich war aufgeregt wie ein kleines Mädchen, und ich habe gelogen wie ein kleines Mädchen, das imponieren will. Wie dumm von mir.
Erich verließ den Bahnhof und fuhr mit der Straßenbahn nach Ostheim auf eine Großbaustelle. Dort meldete er sich beim Bauführer.
Ich bin der neue Kranführer. Na, sind Sie endlich da? Mensch, wir haben schon gestern auf Sie gewartet. Also dann, der Polier zeigt Ihnen Ihre Bude, dort drüben in den Baracken. Komfortabel ist es nicht, aber warmes Wasser haben wir trotzdem. Also dann, morgen früh, pünktlich sieben Uhr.
Ein Schnellzug fuhr Richtung Deutz. Ob der auch nach Aachen fährt? Ich hätte ihr sagen sollen, dass ich jetzt Kranführer bin. Ach, Blödsinn, sie hätte mich nur ausgelacht, sie kann so verletzend lachen. Nein, das ging nicht, jetzt, wo sie eine Dame geworden ist und eine Bombenstellung hat.

Aus: Fahrtunterbrechung und andere Erzählungen.

D Name: ______________________ Datum: ______________________

Inhaltsangabe
Masken (Max von der Grün)

Arbeitsaufgaben:

❶ Nummeriere die Stichpunkte in der richtigen Reihenfolge.

____ Wirklich ausgeübte Berufe

____ Zufälliges Aufeinandertreffen nach 15 Jahren

____ Kein Happyend

____ Streit und Trennung vor 15 Jahren

____ Vorgegebene berufliche Positionen

❷ Verfasse mit Hilfe der Stichpunkte oben eine Inhaltsangabe.

❸ Welche Aussage will Max von der Grün mit seiner Kurzgeschichte treffen?

zu ❷

zu ❸

D	Name:	Datum:

Inhaltsangabe
Masken (Max von der Grün)

Arbeitsaufgaben:

❶ Nummeriere die Stichpunkte in der richtigen Reihenfolge.

4 Wirklich ausgeübte Berufe

1 Zufälliges Aufeinandertreffen nach 15 Jahren

5 Kein Happyend

3 Streit und Trennung vor 15 Jahren

2 Vorgegebene berufliche Positionen

❷ Verfasse mit Hilfe der Stichpunkte oben eine Inhaltsangabe.

❸ Welche Aussage will Max von der Grün mit seiner Kurzgeschichte treffen?

zu ❷

Die Kurzgeschichte "Masken", die Max von der Grün, der der Arbeiterliteratur zuzurechnen ist, geschrieben hat, handelt von zwei Personen, die sich nach langer Zeit wiedersehen.

Erich und Renate, die beiden Hauptpersonen der Geschichte, treffen sich nach fünfzehn Jahren zufällig auf dem Kölner Hauptbahnhof und lassen die alten Zeiten wieder aufleben. Beide gestehen, noch unverheiratet zu sein. Damals waren sie im Streit auseinander gegangen, weil Erich als ölverschmierter Schlosser Renate nicht gut genug war. Insgeheim lieben sich beide noch immer. Renate gibt vor, Leiterin der Versandabteilung eines Textilhauses zu sein. Sie sei gerade auf dem Weg in den Urlaub nach Holland. Beides stimmt nicht, denn sie ist noch immer die kleine Verkäuferin von damals auf dem Weg von der Arbeit. Beeindruckt von ihrem scheinbaren beruflichen Aufstieg wagt Erich nicht, seine eigene Berufsposition preiszugeben, zumal er damals von Renate wegen seiner geringen beruflichen Qualifikation ausgelacht wurde. So gibt auch er vor, Einkaufsleiter einer Hamburger Werft zu sein, obwohl er in Wirklichkeit nur Kranführer ist. Beide verabschieden sich und bedauern anschließend, ihre wahren Gefühle nicht gezeigt zu haben. Sie werden sich wahrscheinlich nie wiedersehen, obwohl sie sich noch immer lieben.

zu ❸

Das Tragische an dieser Kurzgeschichte ist, dass in unserer heutigen Zeit "Masken" ein bewährtes Mittel sind, sein eigenes Ich, sein wahres Gesicht nicht zeigen zu müssen. Max von der Grün will uns mit dieser Geschichte einen Spiegel vorhalten. Wir sind nämlich dem Zwang des Statusdenkens so stark ausgeliefert, dass wir uns sogar selbst verleugnen und etwas vorlügen, was wir gar nicht sind.

Lisa Spanknebel (M9)

D Name: ______________________ Datum: ____________________

Die Welle
(Roman, 1981)

Die Welle (Originaltitel „The Wave“) ist ein Roman von Morton Rhue (mit bürgerlichem Namen Todd Strasser) und beschreibt Ereignisse an einer Highschool in einer US-amerikanischen Kleinstadt. Die deutsche Übersetzung von Hans-Georg Noack erschien 1984 unter dem Titel „Die Welle. Bericht über einen Unterrichtsversuch, der zu weit ging“.

Ausgangspunkt des Romans ist ein Film über den Nationalsozialismus, den der Geschichtslehrer Ben Ross in seiner Klasse vorführt. Der Film stößt in der Klasse einerseits auf Unverständnis, wie sich ein derartiges Regime etablieren konnte, anderseits kommt die Behauptung auf, dass sich eine derartige Manipulation der Massen nicht wiederholen könne, sodass der Philologe ein Experiment durchführen möchte: Die Welle.

Das Experiment soll zeigen, wie Jugendliche durch einfache Methoden manipuliert werden können. „Die Welle“, eine autoritäre Gemeinschaft, für die der Geschichtslehrer seine Klasse zu überzeugen beginnt, stützt sich auf drei Prinzipien: „Macht durch Disziplin! Macht durch Gemeinschaft! Macht durch Handeln!“

Im Verlauf des Romans werden diese Grundsätze von den Beteiligten immer mehr verinnerlicht. Ross bemerkt, dass seine Schüler zwar Informationen – vor allem geschichtliche – wie automatisch wiedergeben können, aber aufhören, eigenständig zu denken. Innerhalb der elitären Gruppe entsteht einerseits der Anschein, alle seien gleichberechtigt, und vorherige Außenseiter wie der Schüler Robert können sich besonders profilieren.

Andererseits droht das Experiment Beziehungen zwischen guten Freunden zu zerstören, so zum Beispiel das Verhältnis zwischen Laurie, der kritischen Chefredakteurin der Schülerzeitung, und ihrem Freund David. Allmählich nimmt das Experiment faschistische Züge an, da eine Mitgliedschaft in der Welle, die sich längst über die Geschichtsklasse hinweg ausgebreitet hat, an der Schule immer mehr zum Zwang wird.

Erst nachdem ein jüdischer Schüler Gewalt erfährt, weil er sich der Welle nicht angeschlossen hat, begreift Ross die Gefährlichkeit seines Tuns. Da er auch vom Direktor, von seiner Frau und von Laurie und David, die sich inzwischen wieder vertragen, gedrängt wird, sieht er ein, dass er das Experiment abbrechen muss. Es hat zu gut funktioniert.

Der Geschichtslehrer nutzt eine einberufene Vollversammlung, um der Bewegung ihre Wirklichkeit gewordene und ursprünglich für unmöglich gehaltene faschistoide Art aufzuzeigen. Anstatt der erwarteten Ansprache des (nicht existenten) nationalen Führers der Welle zeigt er ein Bild Adolf Hitlers und klagt sowohl die Schüler als auch sich selbst an, dass sie alle vollkommene Nationalsozialisten gewesen wären.

Alle sind bestürzt und wollen schnell vergessen, nur der einzig richtige Verlierer der Welle, Robert, ist völlig verzweifelt.

D	Name: ______________________	Datum: ____________________

Die Welle
(Film, 2008)

Im Mittelpunkt der Handlung stehen der Gymnasiallehrer Rainer Wenger und eine Gruppe von Schülern. Während einer Projektwoche zum Thema „Staatsformen“ bekommt dieser gegen seinen Willen statt des Themas Anarchie das Thema Autokratie zugeteilt. Seine Schüler finden das wiederholte „Durchkauen“ des Nationalsozialismus langweilig und meinen, es bestehe im heutigen aufgeklärten Deutschland keine Gefahr einer Diktatur mehr. Er startet ein Experiment, um seinen Schülern zu demonstrieren, wie einfach es auch heute noch ist, die Massen zu manipulieren und eine Diktatur zu errichten.

Er ändert die Sitzordnung in eine frontal auf ihn gerichtete Position und demonstriert zunächst, wie es ist, wenn man militärähnliche Umgangsformen im Alltag einführt, beim Reden aufstehen muss und schnelle, knappe Antworten zu geben hat. Dann zeigt er den Schülern die Wirkung gemeinsamen Marschierens im Gleichschritt auf der Stelle. Nachdem er sich in persönliche Begeisterung hineinsteigert, weil er den verhassten Kollegen unter ihm dadurch stören kann, springt ein Funke echter Begeisterung auf die Schüler über.

Wenger beschließt zu Demonstrationszwecken – darüber klärt er die Schüler nicht mehr auf –, eine Art autokratische Bewegung zu gründen. Zunächst sollen alle Schüler der Gruppe als Erkennungsmerkmal weiße Hemden tragen. Zwei Mädchen protestieren gegen die Aktion, außerdem verlassen drei Jungen das Projekt, davon kehren jedoch kurz darauf zwei zurück. Die Mädchen wechseln schließlich den Kurs, sehen sich aber trotzdem zunehmenden Anfeindungen im Freundeskreis ausgesetzt. Der Kurs erhält weiteren Zulauf durch Mundpropaganda und muss sogar einen Aufnahmestopp verhängen. In ihrer Begeisterung bitten einzelne Schüler den Lehrer, dem Ganzen einen Namen zu geben. Die (noch demokratische) Abstimmung ergibt den Namen „Die Welle“. Der Lehrer erteilt einem zeichnerisch begabten Schüler die Aufgabe, ein Logo zu entwickeln. Daraufhin entstehen in rasender Begeisterung neue Ideen, die Welle zu verbreiten und sich in die Bewegung einzubringen.

Disziplin, Gemeinschaft und Handeln sind die Grundprinzipien der „Welle“. Schüler mit guten Noten werden in einer neuen Sitzordnung neben Schüler mit schlechten Noten gesetzt. Das bricht alte Cliquen auf und fördert den Gemeinschaftsgeist. Gemeinsam ist man stark. Andersdenkende werden ausgegrenzt. Die Schüler identifizieren sich mehr und mehr mit der Bewegung, da jeder Einzelne auch die Vorteile der Bewegung wahrnimmt und die Nachteile ausblendet. Der eher durchsetzungsschwache Schüler Tim wird von anderen Welle-Mitgliedern beschützt, Welle-Mitglieder sichern sich die Vorherrschaft über die Skater-Halfpipe der Schule, sprayen das Welle-Logo nachts in wilden Gruppenaktionen an Wände in der ganzen Stadt und fühlen sich auf einer spontanen Party großartig. Auch die von Wenger trainierte Wasserballmannschaft erfährt einen plötzlichen Zuschauerandrang.

Doch das Experiment läuft aus dem Ruder, Wenger kann die Bewegung nicht mehr aufhalten, geschweige denn die Dynamik erfassen, die sich außerhalb der Schule abspielt. Warnungen seiner Ehefrau, Anke Wenger, Lehrerin an derselben Schule, werden von ihm ignoriert. Stattdessen wird Wenger noch von der Direktorin der Schule gelobt, weil den Eltern eines Schülers dessen positive Wandlung auffällt. Der Schüler Tim, der einer der größten Anhänger der „Welle“ ist, erklärt sich zum persönlichen Leibwächter von Wenger, wovon der am Anfang nicht begeistert ist, es aber dann zulässt. Vor allem erkennt Wenger nicht, dass er an der Rolle des Führers Freude gewonnen und sich verändert hat. Als es jedoch zu Bedrohungen und auch Gewalttaten gegen Schüler kommt, die sich der Welle widersetzen, erkennt er die Wahrheit.

Bei einer Vollversammlung führt er den Schülern vor, wie sie selbst unbemerkt eine diktatorische Struktur geschaffen haben, was sie vor ein paar Tagen noch als undenkbar bezeichnet hatten. Zu diesem Zweck hetzt er sie gegen einen kritischen Schüler auf und befiehlt, ihn auf die Bühne zu bringen. Er beschimpft ihn und bezeichnet ihn als Verräter. Dann fragt er einen der Schüler, die den Kritiker auf die Bühne gebracht haben, warum er dies getan habe. Dieser antwortet: „Weil Sie es gesagt haben.“ Nun wirft Wenger ihm vor, dass er den Kritiker auch umgebracht hätte, hätte Wenger es ihm gesagt. Als er ihnen schließlich erklärt, dass alles nur ein Experiment war, wehren sich einzelne Schüler leidenschaftlich. Sie wollen nicht akzeptieren, dass die Welle nur Schein war und nun zu Ende ist. Nachdem sich Wenger gegen diese erste Reaktion mühsam durchsetzen und die Mehrheit überzeugen kann, tritt zunächst betretenes Schweigen unter den Schülern ein. Kurz darauf eskaliert die Situation vollends: Der Schüler Tim zieht eine Pistole, schießt zunächst einen Mitschüler an und erschießt sich danach selbst. Die Schule ist traumatisiert, Rainer Wenger wird von der Polizei abgeführt.

© Wikipedia

D	Name: ______________________________	Datum: ____________________	

Der Pianist
(Film, 2002)

Roman Polańskis Film ist ein Holocaust-Drama nach der Autobiographie „Das wunderbare Überleben" des Polen Władysław Szpilman. Dieser ist ein herausragender und in Warschau hochangesehener polnisch-jüdischer Pianist. Als 1939 die deutschen Truppen in Warschau einmarschieren, beginnt das Leiden. Seine Familie durchleidet die Qualen des Warschauer Ghettos und es kommt der Tag des Abtransports nach Treblinka in den sicheren Tod. Es gelingt ihm die Flucht und durch den guten Willen eines Freundes des jüdischen Ordnungsdienstes entgeht er dem Tod. Er muss nun bei den verbliebenen Juden arbeiten, die das Ghetto wieder aufbauen. Dort unterstützt er die jüdische Widerstandsbewegung, die Waffen in das Warschauer Ghetto schmuggelt, um den Aufstand zu bewaffnen. Dann flieht er aus dem Ghetto und wird von befreundeten Polen unterstützt und versteckt gehalten. Szpilman kann den Beginn des Aufstandes von einem seiner Verstecke aus genau beobachten. Er muss erneut das Versteck wechseln, leidet Hunger, weil ein betrügerischer Widerstandskämpfer die Geldspenden für sich abzweigt. Er wird krank und von einem polnischen Arzt behandelt. Während eines Gefechts zwischen Deutschen und Polen wird sein Versteck beschossen, er flieht und irrt durch das zerstörte und bald von der Bevölkerung und zerstörungswütigen deutschen Besatzern völlig verlassene Warschau. In seinem letzten Versteck trifft auf ihn zufällig ein hilfsbereiter Offizier der deutschen Wehrmacht, Wilm Hosenfeld, gespielt von Thomas Kretschmann.

Eine Schlüsselszene des Films ist, wie die anfängliche Todesangst Szpilmans vor dem uniformierten Deutschen, die er bis dahin nur durch die Erfahrungen mit der grausamen SS kannte, sich auflöst. Hosenfeld veranlasst Szpilman, ihm auf einem Flügel etwas vorzuspielen. Szpilman spielt minutenlang aus der Ballade Nr. 1 von Chopin und Hosenfeld hört bewegt zu. Die Szene zeigt den Kontrast zwischen der Schönheit der Musik und der Absurdität des Grauens der Situation nach dem Ende der SS-Besatzung. Hosenfeld versorgt Szpilman in seinem Versteck bis zum Einmarsch der Russen mit Lebensmitteln. Kurz bevor sich die Deutschen vor den anrückenden Russen nach Westen absetzen, schenkt ihm Hosenfeld seinen Mantel. Dieser Mantel wird dem Pianisten noch beinahe zum Verhängnis, denn nach dem Einmarsch der Roten Armee in Warschau wird er für einen Deutschen gehalten und gerät unter Beschuss. Der Film endet mit vertauschten Rollen. Hosenfeld gerät in ein russisches Gefangenenlager und ist dort dem Hass der aus dem KZ befreiten polnischen Juden ausgesetzt. Hosenfeld fragt einen vorbeiziehenden ehemaligen Musiker nach Szpilman in der Hoffnung auf dessen Fürsprache. Doch ein russischer Aufseher unterbindet zu früh das Gespräch, so dass der Musiker den Namen Hosenfelds nicht erfährt, und Szpilman so seinen Helfer nicht mehr ausfindig machen kann.

Mit fast dokumentarisch wirkenden Bildern lässt Polanski hier episodenhaft noch einmal die düstere Ghetto-Zeit aufleben. Dank der starken Darsteller kann man die ein oder andere dramaturgisch in die Länge gezogene Szene durchaus verzeihen. Die Goldene Palme von Cannes ist wohl auch als Würdigung des Lebenswerkes Polanskis zu verstehen, der hier nicht zuletzt als Überlebender des Ghettos von Krakau auch einen Teil der eigenen Vergangenheit aufgearbeitet hat. Der brillant aufspielende Adrien Brody erhielt 2003 für seine Rolle des Szpilman den Oscar als bester Hauptdarsteller.

© Wikipedia

Das Spiegelbild
(Miriam Brand)

Er stand vor dem großen Spiegel und blickte auf die im Licht der schwachen Glühbirne matt glänzende, glatte Oberfläche. Wie das zugefrorene Wasser eines kleinen Sees sah sie aus, unbeweglich und starr, dachte er bei sich, während er sein Spiegelbild betrachtete, das ihm mit ernster Miene entgegenblickte. Langsam setzte er sich auf den staubigen Holzboden, schlug die Beine übereinander und bemühte sich, sein aufgewühltes Inneres zur Ruhe zu zwingen. Angestrengt dachte er nach. Über die alltäglichen Ungerechtigkeiten. Über das Leben an sich. Er blickte in den Spiegel. Er wusste, dass er einen Fehler begangen hatte. Einen? Nun, wenn er ehrlich war, hatte er wohl doch so einiges falsch gemacht. Aber das sollte sich jetzt ändern. Seit er vor wenigen Minuten hier auf dem Dachboden ein altes Foto von sich gefunden hatte, war er fest entschlossen, alles besser zu machen. Im Superman-Kostüm hatte er damals an Karneval in die Kamera gelächelt, fest entschlossen, die Welt von jeglicher Ungerechtigkeit zu befreien. Ein unerfüllbarer Kindertraum? Schuldbewusst blickte er zu Boden. Er hatte sich wirklich dumm verhalten, aber war Einsicht nicht auch der erste Schritt zur Besserung? Er sah erneut in den Spiegel. Irgendetwas hatte sich nun verändert, irgendetwas war anders geworden. Einen Moment lang glaubte er, nicht mehr sich selbst im Spiegel zu erblicken – den so gedankenlosen fünfzehnjährigen Jungen –, sondern ein einsames Mädchen, das abseits von allen anderen auf dem Pausenhof stand. Er wusste sofort, dass es das Mädchen war, über das er mit seinen Freunden blöde Witze gerissen hatte. Über ihre Klamotten, ihre verschlossene Art, die Unsicherheit und Leichtgläubigkeit, mit der sie sich durchs Leben bewegte. Er hatte nicht daran gedacht, wie sehr die spöttischen Bemerkungen sie verletzen würden, nicht gewusst, wie sehr sie unter der Scheidung ihrer Eltern und besonders unter der Einsamkeit litt. Tränen glitzerten in ihren Augen. Er kannte dieses Mädchen eigentlich nicht einmal. Warum ließ er sie dann nicht einfach in Ruhe? Wahrscheinlich war es allein die Tatsache, dass die anderen sie nicht mochten und dass eben alle etwas gegen sie sagten. Man muss nicht immer mit den Wölfen heulen, dachte er. Wie oft hatte er seinen Vater dieses Sprichwort schon sagen hören. Wenn du wüsstest, wie schwer das manchmal ist, seufzte er. Nur mit Mühe konnte er seinen Blick vom Spiegel abwenden. Unschlüssig ließ er ihn im Raum hin- und herschweifen, aber es gab nichts zu entdecken, nichts, womit er sich für eine Weile von seinen trübsinnigen Gedanken ablenken konnte, außer den verstaubten, alten Möbelstücken. So schaute er erneut in den Spiegel und für einen winzigen Augenblick glaubte er, sein Spiegelbild habe sich abermals verändert. Er sah sich zusammen mit seinen Freunden in der Stadt. Am letzten Wochenende, ja, er erinnerte sich wieder. Da war dieses Mädchen gewesen, das ihnen sofort durch die schwarze Kleidung aufgefallen war. Richtig seltsam hatte es ausgesehen. Es gefiele ihr halt, anders zu sein, hatte sie auf seine dummen Sprüche geantwortet. Später, im Stillen, hatte er lange über diese Begegnung nachgedacht. Er wusste plötzlich gar nicht mehr, warum er sich über dieses Mädchen lustig gemacht hatte. Nein, insgeheim bewunderte er diese junge Frau und ihren Mut. Sie machte sich nicht die Mühe, sich anzupassen und versuchte nicht, den üblichen Normen zu entsprechen. Manchmal wünschte auch er sich, allem Gewöhnlichen zu entsagen und einfach mal „anders" zu, sein, seine eigenen Ideen auszuleben. Seine blöden Bemerkungen dem Mädchen gegenüber hätte er sich wirklich sparen können! Warum handelte er bloß immer so unüberlegt und dachte nie gründlich genug darüber nach, ob er jemanden mit seinen Worten verletzen könnte. Er hatte wirklich allen Grund, auf sich wütend zu sein! An der falschen Stelle, ja, da hatte er sich nicht getraut, etwas zu sagen. Er musste gar nicht erst in den Spiegel schauen, um zu wissen, was er für den Bruchteil einer Sekunde gesehen hatte: den dunkelhäutigen Jungen aus der Nachbarschaft. Dessen Familie war erst vor zwei Wochen aus Südamerika hierher gezogen und er sprach kaum ein Wort Deutsch. Trotzdem lächelte der Junge immer höflich, wenn er ihn zufällig traf, und obwohl er nur ein gebrochenes „Hallo" zustande brachte, so war es doch eine freundlichere Begrüßung als die manches Einheimischen. Vor ein paar Tagen war er von ein paar ausländerfeindlich eingestellten Jungen angesprochen worden. Sie beschimpften ihn und meinten,er solle doch woanders mit seiner Familie Asyl suchen, von wegen Sozialgeldschmarotzer. Einer aus dieser Gruppe versetzte dem Jungen schließlich einen Stoß, sodass er rücklings auf den vom vielen Regen aufgeweichten, matschigen Parkboden fiel. Er selbst hatte alles mitbekommen – von der anderen Straßenseite aus –, war dabei gewesen, hätte helfen können. Doch er hatte den Vorfall einfach ignoriert. So getan, als hätte er gar nichts gesehen, genauso, wie alle anderen Vorübereilenden auch. Ja, das war feige gewesen. Aber sich mit Andys Clique anlegen? Das hatte bisher noch keiner gewagt! Rudern gegen den Strom, ich weiß, Papa!, dachte er. Bedrückt schaute er zu Boden, ein bisschen in Selbstmitleid versunken. Nach einiger Zeit trübsinnigen Nachdenkens stand er auf, trat ans Fenster und öffnete die nur halb zugezogenen Vorhänge. Augenblicke später bahnten sich Sonnenstrahlen ihren Weg zu ihm hinein auf den Dachboden. Er blickte zum Spiegel zurück. Und plötzlich schien dessen Glas gar nicht mehr so matt und glanzlos zu sein, sondern es reflektierte die wärmenden Strahlen in alle Richtungen, sodass er regelrecht geblendet wurde. Und als er genauer hinsah, da war es ihm, als blicke ihn sein eigenes Ich im Superman-Kostüm aus dem Spiegel heraus an und nicke ihm auffordernd zu. Er stützte sein Gesicht auf die Hände und schaute hinaus in den bereits grünenden Vorgarten seines Elternhauses. Ja, dachte er bei sich, es wäre so einfach gewesen. Jeden Tag hätte ich ein Held sein können. Wenn ich auch nicht die ganze Well verändert hätte, so doch die eines einzigen Menschen. Und ein neues Gefühl durchströmte ihn. Es verwirrte ihn etwas und er könnte es zunächst gar nicht genau zuordnen, denn er hatte es bereits sehr lange nicht mehr verspürt, viel zu lange nicht mehr. War es ... – Mut?

Miriam Brand: „Das Spiegelbild". In: Mit den Vögeln fliegen, Verlag Carl Ueberreuter, Wien 2004

D	Name: ______________________	Datum: ______________________	

Inhaltsangabe
Das Spiegelbild (Miriam Brand)

Arbeitsaufgaben:

❶ Verbessere die drei Inhaltsangaben unten und beurteile sie dann.

❷ Schreibe selber eine Inhaltsangabe. Denke an einen passenden Basissatz.

zu ❶

① In dem Text „Das Spiegelbild" geht es um einen Jungen, der ein einsames Mädchen ständig verspottet. Und einem ausländischen Jungen nicht helfen wollte, als er von Ausländerhassern beschimpft und getreten wurde. Er hat es einfach ignoriert. Aber als er allein im Dachboden darüber nachdachte, sah er seine Fehler ein und es tut ihm leid.

Nina Schubert (M9)

② In der Geschichte geht es um einen Jungen, der sich über seine bisherigen Fehler in seinem Leben Gedanken macht. Er sieht sein Spiegelbild und meint, das bin ich. Er besinnt sich und will von nun an seine eigene Meinung über jede Situation haben und nicht immer die der anderen Leute.

Michael Förg (M9)

③ In der Geschichte „Das Spiegelbild" geht es um einen Jungen, der in einen Spiegel auf dem Dachboden sieht. In ihm sieht er Situationen, bei denen er beteiligt war bzw. zugesehen hatte. Er erkennt, dass er vieles falsch gemacht hat und den betreffenden Personen hätte helfen können. Letztendlich beschließt er, jeden Tag etwas Gutes zu tun und empfindet Mut dabei.

Sabrina Schiele (M9)

zu ❷

D	Name: ______________________	Datum: ______________________

Inhaltsangabe
Das Spiegelbild (Miriam Brand)

Arbeitsaufgaben:

❶ Verbessere die drei Inhaltsangaben unten und beurteile sie dann.

❷ Schreibe selber eine Inhaltsangabe. Denke an einen passenden Basissatz.

zu ❶

① In ~~dem Text~~ der Kurzgeschichte „Das Spiegelbild" von Miriam Brand geht es um einen Jungen, der ein einsames Mädchen ~~ständig~~ verspottet, eine junge Frau beleidigt und ~~Und~~ einem ausländischen Jungen nicht ~~helfen wollte~~ geholfen hat, als er von ~~Ausländerhassern~~ Rechtsradikalen beschimpft und getreten wurde. Er hat es einfach ignoriert. Aber als er allein ~~im~~ auf dem Dachboden darüber ~~nachdachte~~ nachdenkt, ~~sah~~ sieht er seine Fehler ein und ~~es tut ihm leid~~ er fasst Mut, sein Verhalten zu ändern.

Note 4 *Nina Schubert (M9)*

② In der Geschichte „Das Spiegelbild" von Miriam Brand geht es um einen Jungen, der sich über seine bisherigen Fehler in seinem Leben Gedanken macht. Mädchen? Junge Frau? Asylantenjunge? Er sieht sein Spiegelbild und ~~meint, das bin ich~~ stellt Veränderungen fest. Er besinnt sich und will von nun an ~~seine eigene Meinung über jede Situation haben und nicht immer die der anderen Leute~~ gegen den Strom schwimmen und mehr Mut zeigen. ?

Note 5 *Michael Förg (M9)*

③ In der Geschichte „Das Spiegelbild" von Miriam Brand geht es um einen Jungen, der in einen Spiegel auf dem Dachboden sieht. In ihm sieht er Situationen, bei denen er beteiligt war bzw. zugesehen hatte. Mädchen? Junge Frau? Asylantenjunge? Er erkennt, dass er vieles falsch gemacht hat und den betreffenden Personen hätte helfen können. Letztendlich beschließt er, jeden Tag etwas Gutes zu tun und empfindet Mut dabei.

Note 3 *Sabrina Schiele (M9)*

zu ❷

In der Kurzgeschichte „Das Spiegelbild" von Miriam Brand geht es um einen 15-jährigen Jungen, der auf dem Dachboden in einen Spiegel blickt und dabei erkennt, wie er sich in einigen Situationen falsch verhalten hat. Weder Name, noch Ort und Zeit werden näher genannt.

Der Junge findet auf dem Dachboden ein altes Foto, das ihn als kleinen Knaben mit Superman-Kostüm zeigt. Damals wollte er die Welt verbessern. In einem Spiegel betrachtet er sein Gesicht und macht sich Gedanken über sein Verhalten. Gedankenlos hat er ein einsames Mädchen verspottet und eine junge Frau beleidigt, nur weil sie nicht den üblichen Normen entsprochen hatten. Einem freundlichen, dunkelhäutigen Jungen hat er nicht geholfen, als dieser von Rechtsradikalen beleidigt und geschlagen worden ist. Er ist feige gewesen. Der Junge blickt wieder in den Spiegel und stellt in seinem Gesicht eine Veränderung fest. Ein neues Gefühl ergreift von ihm Besitz. Vielleicht ist es Mut, etwas zu ändern.

Sabine Bee (M9)

Das ist Tanz, verstehst du?
(Peter Härtling)

Ich kenne einen Mann, der hat einen seltsamen und auch seltenen Beruf: er tanzt. Er ist Tänzer. Er tanzt aber nicht Beat oder Rock oder Boogie in Diskotheken, sondern auf der Bühne, im Theater. Er hat in vielen Jahren tanzen gelernt. Da gibt es feste Figuren, die sich wiederholen und doch immer ein neues Gefühl ausdrücken. Die Tänzerinnen stehen oft auf den Zehenspitzen, und es sieht aus, als schwebten sie über die Bühne. Die Tänzer wiederum springen. Manche von ihnen, die ganz großen, können sogar fliegen. Sie springen sehr hoch und halten dann für einen Augenblick oben an. Für einen winzigen Augenblick scheint es, als sei der Mensch gar nicht an die Erde gebunden. Dieser Augenblick macht die Zuschauer und den Tänzer glücklich.
Von diesem Glück erzählt oft auch mein Freund, der Tänzer. Er heißt John. Er tanzt nicht nur, sondern erfindet Tänze. Die nennt man Ballette. Von morgens bis abends arbeitet er mit Tänzerinnen und Tänzern in einem Saal, der, betritt man ihn das erste Mal, jeden überrascht. Eine Wand nämlich ist ein einziger großer Spiegel. Sind die Tänzer so eitel, dass sie sich dauernd sehen wollen? Sie wollen sich tatsächlich dauernd sehen, doch nicht aus Eitelkeit. Sie wollen sehen, wie sie sich bewegen, jede Geste, jeden Sprung, jede Umdrehung. Das ist schön, so zu arbeiten, sagt John. Plötzlich merkt man, dass man mit seinem Körper reden kann. Im Tanz spricht man ja nicht auf der Bühne. Also müssen wir mit dem Körper sprechen. Jede Bewegung wird gewissermaßen zu einem Wort. So ist das. Und das ist eigentlich die älteste Sprache, die der Mensch kennt, sagt John, besessen von seiner Kunst. Du übertreibst ganz schön, sage ich.
Du hast eben nicht nachgedacht, erwidert er. Ganz zu Beginn unserer Geschichte, als der Mensch noch ein Jäger war, hat er schon getanzt. Aus Freude oder aus Trauer. Und im Gruppentanz zeigte man sich, dass man zusammengehört. In Afrika gibt es das noch, bei den Indios, doch auch in Griechenland, in Jugoslawien, selbst bei uns – überall, wo die Erinnerung an früher noch stark ist. Sicher, der Tanz gehört zum Menschen, sage ich, nur ist der Gesellschaftstanz, der Schwoof, wie wir ihn kennen, nicht mit dem Tanz zu vergleichen, den du meinst. Doch, da steckt das auch drin, sagt er.
Pass auf, ich erzähl dir eine Geschichte, und mit der will ich dir erklären, was ich unter Tanz verstehe. Ich war vor ein paar Wochen in einer Kneipe in der Altstadt, stand an der Theke, trank ein Bier. In diese Kneipe kommen vor allem ausländische Arbeiter: Türken, Spanier, Italiener, Griechen. Sie reden miteinander oder schweigen, trinken, denken an zu Hause. Ich döste vor mich hin. Es war ein toller Lärm. Da kam ein alter Mann herein. Er hatte wirres weißes Haar, war klein, gedrungen, ging schon ein wenig nach vorn gebeugt. Er stellte sich neben mich, lehnte sich an die Theke – und da bemerkte ich, dass er weinte. Lautlos. Die Tränen rannen ihm einfach aus den Augen über die Backen. Ich wollte ihn ansprechen, traute mich jedoch nicht. Wahrscheinlich hatte er eine traurige Nachricht bekommen. Vielleicht war ein lieber Mensch gestorben. Oder er hat seine Arbeitsstelle verloren. Niemand wagte es, ihn anzusprechen. Mit einem Mal geschah es. Die Musikbox spielte ein griechisches Lied. Zaghaft fing der alte Mann an, sich zu bewegen. Er stieß sich von der Theke ab, hob die Arme, noch immer weinend, machte einige Tanzschritte. Ein Kreis bildete sich um ihn. Nicht einer dachte daran mitzutanzen. Sie sahen ihm schweigend zu. Immer heftiger tanzte er. Jetzt klatschten die Zuschauer in die Hände. Ich auch. Ich war völlig gebannt von diesem wunderbaren Tanz. Er drückte alles aus. Die große Trauer. Den heftigen, unstillbaren Schmerz. Ich sah nicht mehr den alten Mann, ich sah den Menschen, über den Unglück gekommen war und der die Macht hatte, es auszudrücken. Im Tanz. Er redete im Tanz mit sich und mit uns. Und alle verstanden ihn. Er tanzte lange, in Schweiß geratend, heftig atmend. Als er fertig war, trat ein jüngerer Mann auf ihn zu, legte ihm den Arm um die Schulter und konnte jetzt zärtlich zu ihm sein, ihn trösten.
Das ist Tanz, verstehst du? sagte er. Ich versteh dich, John.

Aus: Peter Härtling: Zum laut und leise Lesen

D Name: ______________________ Datum: ______________________

Inhaltsangabe
Das ist Tanz, verstehst du? (Peter Härtling)

Arbeitsaufgaben:

❶ Der Text besteht inhaltlich aus zwei verschiedenen Teilen. Erkläre!

❷ Was erfährst du in den ersten beiden Absätzen über John? Notiere in Stichpunkten.

❸ Beurteile die drei Schülerarbeiten zur ersten Frage.

zu ❶

zu ❷

zu ❸

① Zum einen wird einem erzählt, um was es im Ballett geht und zum anderen, was Ballett alles für Ausdrücke der Gefühle zeigen kann.

Sarah Schiele (9c)

② Der erste Textteil handelt von einem Tänzer namens John. Die Geschichte wird im ersten Teil von seiner Freundin erzählt, sie beschreibt die Arbeit, die der Tänzer John ausführt. Im zweiten Textteil erzählt John von einem Vorfall, den er mitbekommen hat und in dem John den Sinn des Tanzens entdeckt. Er beschreibt seiner Freundin, was bei diesem Vorfall geschehen ist.

Robert Heinrich (9c)

③ Der Text besteht zum einen Teil aus Freude am Tanzen, aber auch, um Gefühle auszudrücken, z. B. Trauer.

Jacqueline Gail (9c)

D	Name:	Datum:

Inhaltsangabe
Das ist Tanz, verstehst du? (Peter Härtling)

Arbeitsaufgaben:

❶ Der Text besteht inhaltlich aus zwei verschiedenen Teilen. Erkläre!

❷ Was erfährst du in den ersten beiden Absätzen über John? Notiere in Stichpunkten.

❸ Beurteile die drei Schülerarbeiten zur ersten Frage.

zu ❶

In der Geschichte "Das ist Tanz, verstehst du?", die Peter Härtling geschrieben hat, geht es um einen Ballett-Tänzer namens John und seine Erlebnisse. Der Text besteht inhaltlich aus zwei verschiedenen Teilen. Der erste Teil beschreibt das Besondere dieses Berufs und die Arbeit von John. Im zweiten Teil erzählt John eine Geschichte, um zu erklären, was Tanz ist. Es geht um einen alten, weinenden Mann wahrscheinlich griechischer Nationalität, der in einer Kneipe durch einen Tanz, den er allein vor allen Leuten bis zur Erschöpfung ausführt, seine große Trauer zum Ausdruck bringt und diese dadurch verarbeiten kann.

Franziska Palzer (9c)

zu ❷

John ist Balletttänzer von Beruf; er arbeitet auf der Bühne, im Theater; er hat in vielen Jahren tanzen gelernt; er erfindet Tänze; er arbeitet als Lehrer mit Tänzerinnen und Tänzern; er ist besessen von seiner Kunst; er kann mit seinem Körper reden; er weiß sehr viel über die Geschichte des Tanzes

zu ❸

① Zum einen wird einem erzählt, um was es im Ballett geht [Viel genauer!] und zum anderen, was Ballett alles für Ausdrücke der Gefühle [Erlebnis mit dem alten Mann] zeigen kann.

Viel zu kurz! Note 5 Sarah Schiele (9c)

② Der erste Textteil handelt von einem Tänzer namens John. Die Geschichte wird im ersten Teil von seiner Freundin erzählt, sie beschreibt die Arbeit, die der Tänzer John ausführt. [Genauer!] Im zweiten Textteil erzählt John von einem Vorfall, den er mitbekommen hat und in dem John den Sinn des Tanzens entdeckt. Er beschreibt seiner Freundin, was bei diesem Vorfall geschehen ist. [Erlebnis mit dem alten Mann]

Note 3 Robert Heinrich (9c)

③ ~~Der Text besteht zum einen Teil aus Freude am Tanzen, aber auch, um Gefühle auszudrücken, z. B. Trauer.~~

Viel zu kurz! Thema? Note 6 Jacqueline Gail (9c)

Meine virtuellen Freunde

Reden, flirten, Leute treffen – aber nur im Netz:
Viele Jugendliche sind süchtig nach Internet-Kontakten

Sophie hat „35 Seiten Freunde". Das 15-jährige Mädchen ist stolz darauf, 286 Menschen zum engeren Kreis ihrer Sympathisanten zu zählen. Die wenigsten dieser Leute kennt sie persönlich, denn sie existieren für sie lediglich im Internet und haben mit ihr nur virtuell Freundschaft geschlossen.
Wenn Sophie mittags von der Schule nach Hause kommt, geht sie zuerst an den Computer und schaut nach, ob sich einer der vielen Freunde gemeldet hat, bevor sie zu den echten Menschen in ihrer Umgebung „Hallo" sagt, sich an den Küchentisch setzt und etwas isst. Spätabends steht sie manchmal noch auf, nachdem sie schon fast eingeschlafen war, um noch ein letztes Mal die E-Mails zu checken.
Während sie mit ihren Eltern kaum noch redet, verbringt Sophie mehrere Stunden täglich vor dem Computer, um mit ihren „Freunden" zu chatten. Die meisten Sozialkontakte spielen sich für das Mädchen im Netz ab, sie kommuniziert mit ihren Internet-Bekannten in der virtuellen Welt jedenfalls mehr als mit ihrer Familie.
Ein großer Teil der Zehn- bis Zwanzigjährigen lebt längst auch in einer Parallelwelt. Freunde finden, flirten, Beziehungen pflegen – das findet mittlerweile hauptsächlich per Chat und E-Mail statt. Somit sind die wichtigsten Sozialkontakte virtualisiert. Das bleibt nicht ohne Folgen für die Psyche – und möglicherweise auf lange Sicht für die Gesellschaft. Denn bei manchen Betroffenen kann das Abtauchen in die virtuelle Welt schwere Probleme auslösen.
Fast jeder verbringt täglich Zeit im Internet, um sich zu informieren, Bankgeschäfte abzuwickeln oder eine Zugverbindung herauszusuchen. Doch nur ein kleiner Teil der Nutzer entwickelt beim Umgang mit dem Netz psychische Schwierigkeiten. Bei einer Befragung von Jugendlichen in einer deutschen Großstadt zeigten zehn Prozent Zeichen einer Abhängigkeit. Die Betroffenen vernachlässigen Schule, Freunde und andere Interessen, leiden bei Entzug unter Nervosität, Unruhe, Verstimmungen und Aggressionen. Folgen des exzessiven Internetkonsums können zu wenig Schlaf, zu wenig Bewegung und Ernährungsmängel sein, denn das Essen wird zugunsten des Computers oft zurückgestellt.
Anders als bei einer Drogenabhängigkeit wird das Hochgefühl bei der Internets nicht von einer Substanz produziert, sondern durch soziale Erfolge. Im Internet ist es leichter, positive Erlebnisse zu erreichen.
„Im Netz bin ich wer", gaben jugendliche Online-Spieler den Suchtforschern zu Protokoll, „dort habe ich das Gefühl, ich kann Entscheidungen treffen, ich habe Macht."
Doch mit zunehmender Gewöhnung müssen die Computersüchtigen die Dosis steigern, um den ersehnten Effekt zu erreichen. Manche Abhängige sitzen in ihrer Freizeit zehn Stunden vor dem Bildschirm und stellen sich nachts den Wecker, um ein Spiel weiterzuspielen. In solchen Fällen können oft nur Therapien helfen.
Manche Fachleute beruhigen aber auch: „Jugendliche machen gerne etwas exzessiv, auch für längere Zeit. Es gibt zum Beispiel Jungen, die jahrelang am Computer spielen und dann von einem Tag auf den anderen aufhören, weil sie sich verliebt haben."

nach: SZ vom 26.11.2007

Hi, du klingst nett! Wie alt bist du und was machst du am liebsten nach der Schule?
Ich bin 16 Jahre, habe lange Haare, bin Hip-Hop-Fan und gehe oft ins Fitnesscenter.

Kinder im Netz: Aber sicher!
So viel Prozent der Kinder und Jugendlichen in Deutschland sind online...
33 %
75 %
im Alter von
6-9 Jahren
10-13 Jahren
...und diese Regeln gelten zu Hause, um den Nachwuchs vor Gefahren und negativen Einflüssen* zu schützen
festgelegte Zeitdauer für das Internet 71 %
Eltern sind beim Erstbesuch einer Site dabei 65
Schutzprogramme 65
Besuche von Chats sind verboten 57
nur bestimmte Internetseiten sind erlaubt 53
ein Elternteil ist bei jeder Nutzung dabei 28
keine Beschränkungen 9
*z.B. gefährliche Inhalte, Angebotsüberflutung, zu wenig Bewegung, Vereinsamung; Umfrage unter 3,41 Millionen Eltern, deren Kind das Internet zu Hause nutzen darf; Mehrfachnennungen möglich
Quelle: KidsVA
© Globus
2341

D Name: ______________________ Datum: ______________________

Inhaltsangabe
Meine virtuellen Freunde

Arbeitsaufgaben:

❶ Fasse den Inhalt des Artikels in einigen Sätzen zusammen.
❷ Beschreibe und erkläre kurz die Karikatur.
❸ Gib kurz den Inhalt des Schaubildes wieder.

zu ❶

zu ❷

zu ❸

D	Name: ______________________	Datum: ______________________

Inhaltsangabe
Meine virtuellen Freunde

Arbeitsaufgaben:
❶ Fasse den Inhalt des Artikels in einigen Sätzen zusammen.
❷ Beschreibe und erkläre kurz die Karikatur.
❸ Gib kurz den Inhalt des Schaubildes wieder.

zu ❶

Zu Beginn des Artikels „Meine virtuellen Freunde" aus der Süddeutschen Zeitung vom 26. November 2007 wird die Situation eines Mädchens namens Sophie beschrieben, das virtuell viele Freunde hat. Die Jugendliche sondert sich für das Internet von ihrer Familie ab. So wie ihr ergeht es vielen Heranwachsenden. Dies kann aber Folgen haben für die eigene Psyche wie für die Gesellschaft. Bei Umfragen zeigten zehn Prozent der Jugendlichen eine Internetabhängigkeit. Sie vernachlässigen die Schule und ihre realen Freunde, sind nervös und unruhig, nur um die Glücksgefühle durch das Internet zu erleben. Denn diese Jugendlichen fühlen sich im Internet mächtig, haben dort einen Wert. In schweren Fällen von Internet-Sucht kann nur noch eine Therapie helfen. Es gibt aber auch Fälle, bei denen die Abhängigkeit von einem Tag auf den anderen aufhört, weil sich die Betroffenen beispielsweise verliebt haben.

Selina Maier (M9)

zu ❷

Diese Karikatur zeigt ein junges Mädchen und einen älteren Mann, die miteinander chatten. Der Zeichner will damit ausdrücken, dass man nicht alles glauben soll, was einem im Internet erzählt wird. Die Person, mit der man sich unterhält, kann in Wirklichkeit ganz anders aussehen. Wer im Internet nicht misstrauisch ist, kann sich sehr leicht in Gefahr bringen. Von einem Treffen ganz allein ist deshalb dringend abzuraten.

Selina Maier (M9)

zu ❸

Wer heute Kind oder Jugendlicher ist, weiß mit moderner Technik umzugehen. Ein Drittel der 6- bis 9-Jährigen hat Zugang zum Internet. Unter den 10- bis 13-Jährigen sind es sogar drei Viertel. Sie sammeln vor allem Infos für die Schule oder Freizeit, spielen online, schreiben Mails oder chatten. Aber Angst und Sorge der Erziehungsberechtigten surfen mit. Eltern haben vor allem Bedenken, dass ihre Kids auf gefährliche Inhalte stoßen und durch die Angebotsflut überfordert werden. Regeln und Einschränkungen sollen davor schützen wie eine vereinbarte Nutzungsdauer für das Internet, die Anwesenheit beim Erstbesuch einer Site und das Installieren von Schutzprogrammen.

Die Küchenuhr
(Wolfgang Borchert)

Sie sahen ihn schon von weitem auf sich zukommen, denn er fiel auf. Er hatte ein ganz altes Gesicht, aber wie er ging, daran sah man, dass er erst zwanzig war. Er setzte sich mit seinem alten Gesicht zu ihnen auf die Bank. Und dann zeigte er ihnen, was er in der Hand trug.

Das war unsere Küchenuhr, sagte er und sah sie alle der Reihe nach an, die auf der Bank in der Sonne saßen. Ja, ich habe sie noch gefunden. Sie ist übrig geblieben. Er hielt eine runde tellerweiße Küchenuhr vor sich hin und tupfte mit dem Finger die blau gemalten Zahlen ab.

Sie hat weiter keinen Wert, meinte er entschuldigend, das weiß ich auch. Und sie ist auch nicht besonders schön. Sie ist nur wie ein Teller, so mit weißem Lack. Aber die blauen Zahlen sehen doch ganz hübsch aus, finde ich. Die Zeiger sind natürlich nur aus Blech. Und nun gehen sie auch nicht mehr. Nein. Innerlich ist sie kaputt, das steht fest. Aber sie sieht noch aus wie immer. Auch wenn sie jetzt nicht mehr geht.

Er machte mit der Fingerspitze einen vorsichtigen Kreis auf dem Rand der Telleruhr entlang. Und er sagte leise: Und sie ist übrig geblieben.

Die auf der Bank in der Sonne saßen, sahen ihn nicht an. Einer sah auf seine Schuhe und die Frau sah in ihren Kinderwagen. Dann sagte jemand: Sie haben wohl alles verloren?

Ja, ja, sagte er freudig, denken Sie, aber auch alles! Nur sie hier, sie ist übrig. Und er hob die Uhr wieder hoch, als ob die anderen sie noch nicht kannten.

Aber sie geht doch nicht mehr, sagte die Frau.

Nein, nein, das nicht. Kaputt ist sie, das weiß ich wohl. Aber sonst ist sie doch noch ganz wie immer: weiß und blau. Und wieder zeigte er ihnen seine Uhr. Und was das Schönste ist, fuhr er aufgeregt fort, das habe ich Ihnen ja noch überhaupt nicht erzählt. Das Schönste kommt nämlich noch: Denken Sie mal, sie ist um halb drei stehengeblieben. Ausgerechnet um halb drei, denken Sie mal.

Dann wurde Ihr Haus sicher um halb drei getroffen, sagte der Mann und schob wichtig die Unterlippe vor. Das habe ich schon oft gehört. Wenn die Bombe runtergeht, bleiben die Uhren stehen. Das kommt von dem Druck.

Er sah seine Uhr an und schütellte den Kopf. Nein, lieber Herr, nein, da irren Sie sich. Das hat mit den Bomben nichts zu tun. Sie müssen nicht immer von den Bomben reden. Nein. Um halb drei war etwas ganz anderes, das wissen Sie nur nicht. Das ist nämlich der Witz, dass sie gerade um halb drei stehen geblieben ist. Und nicht um Viertel nach vier oder um sieben. Um halb drei kam ich nämlich immer nach Hause. Nachts, meine ich. Fast immer um halb drei. Das ist ja gerade der Witz.

Er sah die anderen an, aber sie hatten ihre Augen von ihm weggenommen. Er fand sie nicht. Da nickte er seiner Uhr zu. Dann hatte ich natürlich Hunger, nicht wahr? Und ich ging immer gleich in die Küche. Da war es dann fast immer halb drei. Und dann, dann kam nämlich meine Mutter. Ich konnte noch so leise die Tür aufmachen, sie hat hat mich immer gehört. Und wenn ich in der dunklen Küche etwas zu essen suchte, ging plötzlich das Licht an. Dann stand sie da in ihrer Wolljacke und mit einem roten Schal um. Und barfuß. Und dabei unsere Küche gekachelt. Und sie machte ihre Augen ganz klein, weil ihr das Licht so hell war. Denn sie hatte ja schon geschlafen. Es war ja Nacht.

So spät wieder, sagte sie dann. Mehr sagte sie nie. Nur: So spät wieder. Und dann machte sie mir das Abendbrot warm und sah zu, wie ich aß. Dabei scheuerte sie immer die Füße aneinander, weil die Kacheln so kalt waren. Schuhe zog sie nachts nie an. Und sie saß so lange bei mir, bis ich satt war. Und dann hörte ich sie noch die Teller wegsetzen, wenn ich in meinem Zimmer schon das Licht ausgemacht hatte. Jede Nacht war es so. Und meistens immer um halb drei. Das war ganz selbstverständlich, fand ich, dass sie mir nachts um halb drei in der Küche das Essen machte. Ich fand das ganz selbstverständlich. Sie tat das ja immer. Und sie hat nie mehr gesagt als: So spät wieder. Aber das sagte sie jedes Mal. Und ich dachte, das könnte nie aufhören. Es war mir so selbstverständlich. Das alles war doch immer so gewesen.

Einen Atemzug lang war es still auf der Bank. Dann sagte er leise: Und jetzt? Er sah die anderen an. Aber er fand sie nicht. Da sagte er der Uhr leise ins weißblaue runde Gesicht: Jetzt, jetzt weiß ich, dass es das Paradies war. Das richtige Paradies. Auf der Bank war es ganz still. Dann fragte die Frau: Und Ihre Familie?

Er lächelte sie verlegen an: Ach, sie meinen meine Eltern? Ja, die sind auch mit weg. Alles ist weg. Alles, stellen Sie sich vor. Alles weg.

Er lächelte verlegen von einem zum anderen. Aber sie sahen ihn nicht an. Da hob er wieder die Uhr hoch und lachte. Er lachte: Nur sie hier. Sie ist übrig. Und das Schönste ist ja, dass sie ausgerechnet um halb drei stehen geblieben ist. Ausgerechnet um halb drei.

Dann sagte er nichts mehr. Aber er hatte ein ganz altes Gesicht. Und der Mann, der neben ihm saß, sah auf seine Schuhe. Aber er sah seine Schuhe nicht. Er dachte immerzu an das Wort Paradies ...

D	Name: ______________________________	Datum: ______________________	

Inhaltsangabe
Die Küchenuhr (Wolfgang Borchert)

Arbeitsaufgabe:
Geben Sie den Inhalt der Kurzgeschichte "Die Küchenuhr" wieder.

Die von Wolfgang Borchert verfasste Kurzgeschichte „Die Küchenuhr" spielt in der unmittelbaren Nachkriegszeit und handelt von einem jungen Mann, der durch den Krieg Eltern und Elternhaus verloren hat. Eine kaputte Küchenuhr ist die einzige Erinnerung an jene Zeit der Geborgenheit.

An einem schönen, sonnigen Tag nach Kriegsende setzt sich ein etwa zwanzigjähriger junger Mann zu einigen Leuten auf eine Parkbank. Sein Gesicht ist aufgrund seiner Erlebnisse vorzeitig gealtert. Er hält eine runde Küchenuhr mit blauen Ziffern in den Händen und knüpft mit dem Mann und der Frau, die einen Kinderwagen bei sich hat, ein Gespräch über diese Uhr an. Er erzählt den beiden, dass sie irgendwann um halb drei Uhr nachts stehen geblieben und ihm als einziges Erinnerungsstück an sein Zuhause geblieben sei. Seine Eltern und sein Elternhaus habe er verloren. Die Vermutung des Banknachbarn, die Uhr sei zum Zeitpunkt des Bombeneinschlags stehen geblieben, weist der junge Mann mit seltsamer Heiterkeit von sich. Er beharrt darauf, dass die Uhr deswegen um halb drei Uhr nachts stehen geblieben sei, weil er früher, als seine Eltern noch gelebt hätten, immer erst um diese Zeit nach Hause gekommen sei. Seine Mutter habe ihm dann stets das Abendessen aufgewärmt. Dass sie immer seinetwegen aus dem Bett aufgestanden sei und ihm während des Essens schweigend Gesellschaft geleistet habe, ohne ihm einen Vorwurf zu machen, habe er mit gleichgültiger Selbstverständlichkeit hingenommen. Erst nachdem er alles verloren habe, erkenne er die Fürsorge, Liebe und Geborgenheit, die ihm die Mutter gegeben habe. Das sei für ihn im Nachhinein das Paradies gewesen. Die Banknachbarn schweigen. Das Wort Paradies löst vor allem bei dem Mann Betroffenheit aus.

Barbara Frank (M9)

Die Kündigung
(Theo Schmich)

„Im Zuge notwendiger Personaleinsparungen müssen wir leider auch Sie entlassen“, sagte der Personalchef zu dem Mann, den er in sein Büro gerufen hatte, und der ihm nun gegenüber saß. Bekümmert hob er die Arme und ließ sie wieder sinken, um darzutun, wie leid ihm diese Entscheidung tat. Der Mann antwortete nicht sofort. Es kam zu plötzlich. „Sie sind nicht der Einzige“, sagte der Personalchef nach einer Pause. „Wir mussten noch achtzig andere entlassen.“ Der Mann nahm an, dass das ein Trost sein sollte. Ungläubig schüttelte er den Kopf.
„Wieso bin gerade ich dabei?“, fragte er schließlich. „Bin ich - habe ich denn so schlecht gearbeitet?“
„Das weiß ich nicht!“, antwortete der Personalchef. „Ich teile Ihnen Ihre Entlassung nur mit. Sie brauchen es nicht persönlich zu nehmen. Unser Elektronenrechner hat Sie und die achtzig anderen ausgesucht.“
„Wie das?“, fragte der Mann verwirrt.
„Wir haben dem Rechenautomaten die Daten aus den Akten sämtlicher Belegschaftsmitglieder eingegeben“ erklärte der Personalchef ungeduldig. „Nun, und dabei hat der Automat eben entschieden, dass Sie am ehesten für eine Entlassung in Frage kommen. So leid es uns natürlich tut, überhaupt einen Mann entlassen zu müssen.“
„Aber - ich verstehe nicht -“, stotterte der Mann. „Mehr kann ich Ihnen dazu nicht sagen“, fiel der Personalchef ihm ins Wort. „Ich wünsche Ihnen für die Zukunft alles Gute. Sie entschuldigen mich. Ich muss noch achtzig weitere zu mir rufen. Kopf hoch! Sie sind noch nicht so alt, als dass Sie nicht woanders etwas finden könnten.“ Dabei setzte er ein so liebenswürdiges und optimistisches Lächeln auf, dass der Mann für einen flüchtigen Augenblick glaubte, es sei etwas Schönes, entlassen zu werden. Er blieb noch einen Moment sitzen. Das Ganze kam ihm so unwirklich vor. Doch schließlich erhob er sich, murmelte „Danke“ und ging hinaus.
Während er durch die vertrauten Flure des Bürogebäudes schritt, wiederholte er sich ständig, was der Personalchef gesagt hatte. Und allmählich wurde er sich der ganzen Tragweite seiner Entlassung bewusst. Er war versucht, zurückzulaufen und den Personalchef um Gnade zu bitten. Aber dann ließ er es. O ja, er glaubte schon, dass er nach Ablauf der Kündigungsfrist eine andere Arbeit würde gefunden haben. Aber wer gab ihm die Sicherheit, dass es so war?
Und noch etwas fraß in ihm. Wieso hatte man ihn entlassen? Man entließ niemanden ohne Grund. Wieso ihn? Vielleicht fand er tatsächlich eine neue Arbeit. Aber zu wissen, dass die Firma seine Arbeit während der vergangenen Jahre so beurteilt hatte, dass sie gut und gerne darauf verzichten konnte! Wer hatte so über ihn geurteilt? Der Elektronenrechner? Das war eine tote Maschine. Aber wer hatte die Daten zusammengestellt, die der Maschine eingegeben worden waren? Er wandte sich an seinen Chef.
„Wieso bin ich entlassen worden?“, fragte er.
„Richtig!“, antwortete der Chef und griff an die Stirn. „Ich hatte mit Ihnen darüber sprechen wollen. Tja, ich war selbst überrascht. Ich verzichte ungern auf Sie. Aber die Maschine“, - der Chef schien sich des feinen Witzes durchaus bewusst zu sein, denn er lächelte an dieser Stelle - „hat gegen Sie entschieden. Wir haben den Rechenautomaten mit den Daten sämtlicher Mitarbeiter gefüttert. Und dabei sind eben auch Sie zur Entlassung vorgeschlagen worden. Ein unerwartetes Ereignis, gewiss. Aber wenn wir die Ergebnisse des Automaten im Voraus wüssten, brauchten wir keinen Automaten mehr, nicht?“ Und wieder freute sich der Chef über den kleinen Scherz, der ihm da gelungen war.
„Danke!“, sagte der Mann und ging. Wie schnell man den Glauben an einen Menschen verlieren konnte.
„Der Betriebsrat!“, schoss es ihm durch den Kopf. Der würde ihm weiterhelfen. Dort würde er die wahren Gründe für seine Entlassung erfahren. Und vielleicht fand man dort sogar Wege, sie rückgängig zu machen. Das war doch möglich! War nicht der Chef von seiner Entlassung überrascht gewesen? Und auch der Personalchef hatte doch gesagt, dass man nichts gegen ihn persönlich habe. Vielleicht war alles nur ein Irrtum. Der Betriebsrat würde einen Ausweg wissen! Er ging zu ihm.

„Nein!“, sagte der Betriebsrat. „Es hat schon alles seine Richtigkeit. Wieso sollten wir die Entscheidung des teuren Elektronenrechners anzweifeln? Wir haben ihn mit den Daten aller Belegschaftsmitglieder – .“ „Das weiß ich!“, fiel der Mann ihm ins Wort. „Aber wieso. Wieso sehen meine Daten so aus, dass der Rechner zu einer solchen Entscheidung kommen konnte? Was ist der eigentliche Grund für meine Entlassung?“

Der Betriebsrat legte die Arme auf die Lehnen seines Sessels. Seine Gestalt straffte sich wie die eines Redners, der eine wohl vorbereitete Ansprache zum soundsovielten Male wiederholt.

„Im Zuge notwendiger Einsparungen mussten wir achtzig Mitarbeiter entlassen, unter denen auch Sie sind“, sagte er. „Das ist der Grund!“

Der Mann erhob sich, murmelte ein „Dankeschön“ und ging. Natürlich bemühte er sich nun um eine andere Arbeit. Aber die Kündigungsfrist schmolz immer mehr zusammen. Sie saß ihm im Nacken, wie ein Verfolger, dem man zwar zu entgehen hofft, von dem man aber auch weiß, dass es eine Katastrophe gibt, wenn es nicht gelingt. Noch nie war ihm bewusst geworden, wie jetzt, wie sehr er in Abhängigkeit lebte. Ihm kamen – gewiss nur, weil man ihn so plötzlich entlassen hatte – ketzerische Gedanken. War er wirklich mehr als ein Sklave? Zwar durfte er einmal im Jahr seinen Wohnort für einen dreiwöchigen Urlaub verlassen. Und auch an den Wochenenden konnte er sich ziemlich frei bewegen. Doch während der übrigen Zeit gehörte er seinem Arbeitgeber. Und wenn es diesem gefiel, so kündigte er ihm. Und mit der Arbeit blieb dann auch das Geld aus und ohne Geld –

Der Mann hatte plötzlich das Gefühl, keine Luft mehr zu bekommen, als er sich alle möglichen Folgen seiner Entlassung ausmalte. Und dabei hatte er nicht einmal Grund, jemandem einen Vorwurf zu machen. Rechtlich war alles einwandfrei. Den Vertrag, der besagte, dass der Arbeitgeber ihm genau so gut kündigen konnte wie er ihm, hatte er selbst unterschrieben. Und auch die Kündigungsfrist wurde eingehalten. Nein, nein, es war alles in Ordnung! Und doch wäre ihm wohler gewesen, wenn er ein menschliches Wesen hätte fassen können, wenn er jemandem die Schuld für seine Entlassung hätte geben können.

Personalchef, Betriebsrat, sein Vorgesetzter – jeder wälzte die Schuld auf den Elektronenrechner ab. Konnte man sich an einem Automaten rächen? Das war lächerlich. Aber war es nicht feige, sich hinter einem Automaten zu verstecken?

Ein paar Wochen später, an einem Sonntag, ertappte der Hausmeister der Firma den Mann. Er war in den Raum eingedrungen, in dem der Rechner aufgestellt war, und demolierte die Einrichtungen mit einem schweren Hammer.

„Wie gut wir daran taten, ihn zu entlassen“, meinte der Personalchef, als er sich darüber mit dem früheren Vorgesetzten des Mannes unterhielt. „Sich wegen einer Kündigung so aufzuregen.“

Aus: Texte aus der Arbeitswelt, hg. v. Theodor Karst

Arbeitsanregungen:

❶ Fassen Sie den Text in Form einer Inhaltsangabe zusammen.
❷ Arbeiten Sie kurz heraus, wie der Mann mit seiner Kündigung umgeht.
❸ Zeigen Sie kurz auf, wie der Betrieb (Chef, Personalchef, Betriebsrat) mit dem Anliegen des Mannes umgeht.

D	Name: ______________________________	Datum: ______________________	

Inhaltsangabe
Draußen vor der Tür (Wolfgang Borchert)
Drama (1947)

Dieses Stück, das kein Theater spielen und kein Publikum sehen will, wurde am 13. Februar 1947 in Hamburg im Nordwestdeutschen Rundfunk als Hörspiel gesendet. Die Uraufführung als Bühnenstück erfolgte in Hamburg am 21. November 1947 in den Kammerspielen. „Draußen vor der Tür", auf fast allen deutschen Bühnen gespielt, fand unerwarteten Anklang. Es gilt als das bedeutendste Stück der Trümmerliteratur nach 1945, dessen Programm Wolfgang Borchert selbst in seinem Aufsatz „Das ist unser Manifest" entworfen hat.

Ein deutscher Russlandheimkehrer namens Beckmann findet nach dem Krieg kein Zuhause mehr vor. Er versucht, sich ein neues Leben aufzubauen und gleichzeitig seine bewegte Kriegsvergangenheit zu bewältigen. Dabei stößt er vermehrt auf Schwierigkeiten und Unverständnis, da alle andern anscheinend schon ihren neuen Platz in der Welt gefunden haben. Beckmann fühlt sich immer „draußen vor der Tür". Als er dann auch noch erfahren muss, dass seine Eltern Selbstmord begangen haben, verstummt auch noch der „Andere" in ihm, eine Art zweites Ich, das immer wieder Hoffnung anklingen lässt, was aber – wie sich am Ende herausstellt – vergeblich gewesen ist. Der Optimismus des „Anderen" steht in scharfem Kontrast zur realen Situation Beckmanns. Die Menschen, auf die Beckmann trifft und die sich gut mit der neuen Zeit arrangiert haben, fühlen sich durch dessen Präsenz irritiert und gestört, viele nutzen ihn auch nur aus. Das führt so weit, dass Beckmann, nachdem alle Versuche der Integration gescheitert sind, verzweifelt nach einer Antwort fragt.

Drei wichtige Aspekte, die in dem Haupthandlungsträger Beckmann vereint sind, spricht Borchert an: das Schicksal des Heimkehrers, das Individuum und die Vergangenheitsbewältigung. Die Entwurzelung vieler Menschen am Ende des Zweiten Weltkrieges zieht sich wie ein roter Faden durch das ganze Stück. Zudem beschreibt Borchert kritisch, aber nicht satirisch die Verhaltensweisen der Gegenspieler des Heimkehrers: als „normale" Vertreter der frühen Nachkriegsgesellschaft sind sie anpassungsfähig und haben Sinn für das Handgreiflich-Praktische.

Dementsprechend ist Borcherts Sprache: eruptiv, schreiend, expressiv, apokalyptisch. Beckmann als ein Abbild Borcherts irrt durch das zerstörte Hamburg und bleibt überall draußen vor der Tür. In dieser Nachkriegswelt gibt es keinen Platz mehr für ihn. Borchert belässt es nicht bei der realistischen Zustandsbeschreibung des Nachkriegsdeutschlands. Er klagt offen an und inszeniert ein symbolisches Spiel von der geschundenen Kreatur, die nicht einmal mehr bei der Natur (die Elbe) oder bei „übermenschlichen" Mächten (Gott, der Tod, der Andere) Hilfe findet.

D	Name: ____________________	Datum: ____________________

Inhaltsangabe
Der zerbrochne Krug (Heinrich von Kleist)
Ein Lustspiel (1811)

Das Lustspiel "Der zerbrochne Krug" von Heinrich von Kleist geschrieben und 1811 uraufgeführt, handelt von einem Dorfrichter namens Adam, der sich gezwungen sieht, über seine eigenen Verfehlungen zu richten.
In einem Dorf bei Utrecht in den Niederlanden trifft der Schreiber Licht diesen Richter morgens in der Gerichtsstube jämmerlich zugerichtet an, wofür Adam die fadenscheinigsten Erklärungen abgibt. Licht hat erfahren, dass der strenge Gerichtsrat Walter bald eintreffen wird. Adam, der Licht erzählt, er habe geträumt, selbst angeklagt zu sein, hat Angst vor Walters Ankunft und dem anbrechenden Gerichtstag. Außerdem hat Adam seine Perücke verlegt.
Unter der Aufsicht Walters muss Adam nun über Frau Marthe Rull, ihre Tochter Eve, den Bauern Veit Tümpel und Ruprecht, dessen Sohn, den Frau Marthe beschuldigt, im Zimmer von Eve in der letzten Nacht einen wertvollen Krug zerbrochen zu haben, richten. Während des Verhörs bekommt Adam von Marthe Rull eine umständliche und genaue Beschreibung des Kruges und einen Bericht über die vergangene Nacht. Als sie in das Zimmer der zwei Verlobten, Ruprecht und Eve, gegangen sei, habe sie inmitten der Scherben des Krugs, Ruprecht und die händeringende Eve gefunden, die ihr geschworen habe, dass Ruprecht der Übeltäter gewesen sei. Im Zeugenstand allerdings sagt Eve, dass sie das nie geschworen habe. Das entspricht auch der Aussage von Ruprecht, der einen fremden Mann im Zimmer vorgefunden haben will, ihn aber in der Dunkelheit nicht erkannt habe und ihn beim Fliehen noch verletzt haben will. Adam aber stellt, um sich aus der Affäre zu ziehen, in den verschiedenen Aussagen Widersprüche fest und droht Eve, die Schuld Ruprecht oder dem Flickschuster Lebrecht, dessen Namen Ruprecht genannt hat, zuzuschieben. Eve bleibt bei ihrer Aussage. Nun nennt aber Frau Marthe Rull die Muhme Brigitte als Zeugin. In der Zwischenzeit versucht Adam, den Verdacht von sich zu lenken und mit Speisen und Getränken den Gerichtsrat Walter auf seine Seite zu ziehen. Doch als die Muhme im Gerichtssaal erscheint, bringt sie die Perücke des Richters mit, die im Spalier von Frau Marthe hing und will außerdem im Schnee Fußspuren entdeckt haben, die zum Haus des Richters führten. So bleibt dem in die Enge getriebenen Adam nichts anderes übrig, Ruprecht zu verurteilen. Nun aber bricht Eve ihr Schweigen und sagt, dass der Richter den Krug zerbrochen habe.

Adam flieht, Eve wirft sich Walter vor die Füße und bettelt ihn an, er möge Ruprecht freisprechen, da der Richter versucht habe sie zu erpressen und zwar mit einem gefälschten Papier. Walter suspendiert Adam sofort und setzt an dessen Stelle den Schreiber ein. Frau Rull will sich aber an die nächste Instanz wenden, damit der Krug auch sein „Recht" bekommt.

D	Name: ______________________________	Datum: ____________________	

Schachnovelle
(Roman, 1942)

„Schachnovelle" wurde zwischen 1938 und 1941 von Stefan Zweig im brasilianischen Exil geschrieben. Es ist sein letztes und zugleich bekanntestes Werk. Die Erstausgabe erschien am 7. Dezember 1942 in Buenos Aires in einer limitierten Auflage von 300 Exemplaren.

Die eigentliche Geschichte ist eingerahmt durch die Erzählung eines als Reporter agierenden österreichischen Emigranten, der an Bord eines Passagierdampfers auf den amtierenden „Weltschachmeister" trifft. Seiner stetigen Neugier folgend versucht er nun zu ergründen, weshalb dieser Schachweltmeister, der einer einfachen Donauschifferfamilie entspringt, zu einem solchen Ruhm in der Schachwelt gelangt ist. Dabei erzählt er nahezu nebenbei die gesamte Biografie des Schachweltmeisters namens Mirko Czentovic, der als Waise von einem Pfarrer in Obhut genommen wird. Dieser versucht dem recht minderbemittelten Jungen einige schulische Grundkenntnisse zu vermitteln. Doch auch nach jahrelangen Bildungsbemühungen bleibt der Junge ein langsamer und ungebildeter Landbursche ohne ersichtliche Begabung. Dieses Bild ändert sich jedoch schlagartig, als er eher zufällig an einem nicht ernst gemeinten Schachspiel teilnimmt. Von da an beginnt der Aufstieg des Mirko Czentovic, der ihn im Alter von 20 Jahren zum Weltmeistertitel führt.

Von nun an spielt er gegen Geld im ganzen Land Turniere. Die Tatsache, dass ein einfacher Junge ohne intellektuelle Begabung die gesamte Schachwelt düpiert, andererseits aber auch gegen Amateure spielt, bringt ihm die Missgunst der Schachspielerzunft ein. Sie stellt ihn allgemein als Stümper dar, der mehr durch Zufall die Weltmeisterschaft gewonnen hat. Auf dem Passagierdampfer ist auch McConnor, der im Ölgeschäft zu großem Reichtum gelangt ist und es sich zum Ziel gesetzt hat, gegen diesen einfältig aussehenden Schachweltmeister zu spielen und zu gewinnen. Schließlich kommt es gegen eine Geldzahlung an Czentovic zu einer Schachpartie. Der Schachweltmeister gewinnt selbstverständlich die erste Partie und der ehrgeizige Ölmillionär verlangt Revanche. In dieser kommt es plötzlich zu einer jähen Wendung, als ein unbekannter Fremder namens „Dr. B." in das Geschehen eingreift und das für McConnor erneut fast verlorene Spiel noch zu einem Remis führt. Allerdings ist dieser Unbekannte nicht gewillt, eine weitere Partie zu spielen, was wiederum den Ehrgeiz des Reporters anstachelt, dem nachzugehen. Daraufhin erzählt Dr. B. ihm sein ganzes Martyrium, das die eigentliche Handlung darstellt. Dr. B. war im Österreich der 1930er Jahre, also vor dem „Anschluss" an das Deutsche Reich, ein Verwalter von Vermögen des österreichischen Adels und Klerus und in dieser Funktion mit einer Vielzahl von Geldgeschäften vertraut. Nach dem Einmarsch von Hitlers Armee in Österreich 1938 interessierten sich die Nationalsozialisten für sein Wissen, da sich die Gefolgsleute Hitlers die Besitztümer der Klöster und des Adels aneignen wollten. Dieses war auch der Grund, weshalb Dr. B. eingesperrt und intensiv verhört wurde. Das Besondere an dieser Haft war, dass er über Monate allein ohne jede Ablenkungsmöglichkeit in ein Hotelzimmer eingesperrt wurde. Um nicht dem Wahnsinn zu verfallen und dabei unter Umständen noch Mitwisser zu verraten, stiehlt er aus dem Mantel eines seiner Verhörer ein Buch. Dies erscheint ihm zuerst wie eine glückliche Fügung, doch es stellt sich heraus, dass es sich nur um ein Buch mit berühmten Schachpartien handelt. Um trotzdem einer geistigen Betätigung nachzugehen, beginnt Dr. B. die Partien nachzuspielen und auswendig zu lernen, was ihm nach einigen Monaten vollständig gelungen ist. Um nun weiterhin einer Beschäftigung nachgehen zu können, versucht er notgedrungen, gegen sich selbst Schach zu spielen. Um dies aber zu können, bedarf es einer künstlichen Persönlichkeitsspaltung, die er durch längere intensive geistige Anstrengung auch herbeizuführen vermag. Allerdings entwickelt diese künstliche Persönlichkeitsspaltung eine derartige Eigendynamik, dass das jeweils unterlegene „Ich" – er bezeichnet seine Persönlichkeiten als „Ich Schwarz" und „Ich Weiß" – vehement Revanche fordert. Dies führt bei Dr. B. schließlich zu einem heftigen „Schachfieber". In diesem Zustand des Wahnsinns greift er den Wärter seiner Zelle an und schlägt ein Fenster ein, an dem er sich schwer die Hand zerschneidet. Daraufhin wird er in ein Krankenhaus eingeliefert und kommt in der Folge aus der Haft frei, weil ihn der behandelnde Arzt für nicht mehr zurechnungsfähig hält.

Nachdem Dr. B. von dem Reporter erfährt, dass es sich bei seinem Gegner um den Schachweltmeister Czentovic handelt, lässt er sich auf eine Partie ein. Um nicht erneut ins Schachfieber zu verfallen, stellt er aber die Bedingung, nur eine einzige Partie zu spielen. Diese Partie gewinnt er souverän, das – für ihn – unnötig lange Überlegen des Schachweltmeisters macht ihn jedoch nervös.

Nach der verlorenen Partie fordert der Meister Revanche. Dr. B. geht ohne Überlegung darauf ein. Während der Meister absichtlich langsam spielt, verfällt B. mehr und mehr in sein früheres Schachfieber. Seine Gedanken schweifen ab zu anderen Partien, das Trennen zwischen wahrer Spielsituation und dem Spiel im Kopf gelingt ihm nicht mehr. Er führt einen unkorrekten Zug aus. Darauf hingewiesen stellt er verwirrt fest, dass die Situation auf dem Brett nicht mit der in seinem Kopf übereinstimmt. Der Erzähler, der um Dr. B.'s Situation weiß, weckt ihn aus seiner Verwirrung und erinnert ihn an seine Krankheit und den Vorsatz, nur eine einzige Partie zu spielen. Dr. B. versteht den Hinweis, entschuldigt sich bei den Anwesenden und beendet das Spiel.

© Wikipedia

D Name: ______________________ Datum: ______________________

Schachnovelle
(Film, 1960)

Der Schachweltmeister Centowic will per Schiff zu einem großen Turnier reisen. Doch das Schiff legt verspätet ab, weil noch ein geheimnisvoller, sichtlich geängstigter Passagier erwartet wird, der von Bischof Ambrosse zum Hafen gefahren wird. Während der Schiffsfahrt wird der kauzige Centowic von Passagieren um eine Partie Schach gebeten. Widerstrebend willigt er ein. Für Centowics Spielgegner droht die Partie verloren zu gehen, doch der zufällig anwesende geheimnisvolle Passagier schaltet sich ein und hilft ihnen, aus der Partie noch ein Remis herauszuholen. Centowic staunt, dass er den Fremden noch nie auf einem großen Turnier gesehen hat, der seiner eigenen Aussage zufolge gerade eben das erste Mal in seinem Leben überhaupt eine Schachfigur berührt hat.
In einer Rückblende erfährt man die Geschichte des geheimnisvollen Passagiers: Es handelt sich um den österreichischen Rechtsanwalt Werner von Basil, der mit Hilfe von Bischof Ambrosse Kunstschätze außer Landes schafft, um sie vor dem Zugriff der nationalsozialistischen Machthaber zu schützen, die kurz vorher Österreich annektiert hatten. Die Warnungen des Bischofs vor der ihn bedrohenden Gefahr nimmt Basil gelassen. Auf einer von Basil veranstalteten Gesellschaft setzt der neu eingesetzte Gestapo-Mann Hans Berger seine Freundin, die Balletttänzerin Irene Andreny, auf Basil an, um an Informationen über die Kunstschätze zu kommen. Als dies nicht fruchtet, lässt Berger von Basil noch am selben Abend verhaften. Um von Basils Willen zu brechen, lässt Berger ihn in Einzelhaft stecken, in der von Basil von der Außenwelt abgeschottet wird. Ihm wird seine persönliche Habe abgenommen, die einzige Abwechslung in seinem Tagesablauf ist der schweigende Wärter (den von Basil bald „Mondgesicht“ nennt), der ihm das Essen bringt. Berger gerät unter Druck, einerseits durch die sich vernachlässigt gefühlte Irene, andererseits durch seinen Vorgesetzten Hartmann, da von Basil auch noch nach über sechs Wochen keines seiner Geheimnisse verraten hat. Als von Basil Gesprächsbereitschaft vortäuscht und zum Verhör gebracht wird, gelingt es ihm, ein Buch aus einer Manteltasche zu stehlen. Beim Verhör selbst lässt von Basil Berger auflaufen und spürt, dass die anwesende Irene Sympathie für ihn empfindet. Wieder zurück in seinem Zimmer, muss von Basil enttäuscht feststellen, dass es in dem von ihm entwendeten Buch lediglich um Schachpartien geht. Aus Mangel an Beschäftigungsalternativen liest er es trotzdem und spielt mit Brotstücken als Schachfiguren die in dem Buch beschriebenen Schachpartien nach. Doch selbst als Berger hinter sein Geheimnis kommt und ihm das Buch nimmt, spielt von Basil im Geiste Schach gegen sich selbst. Nachdem Irene Bischof Ambrosse um Hilfe bittet, appelliert sie an Berger, von Basil freizulassen, wird jedoch von Berger beschimpft. Da von Basil einen Nervenzusammenbruch erleidet, aber immer noch nicht spricht, versucht Hartmann es nun auf seine Weise.

Als von Basil eine weitere Partie gegen Centowic spielt, wird er in einem Anfall von Wahnsinn gegen Centowic handgreiflich, weil er von ihm wissen will, wie viel man aus ihm rausgekriegt hat. Irene kommt hinzu und kann von Basil beruhigen, dass er nichts verraten hat. Irene blieb vor Drangsalierungen verschont, für Berger gab es keine Verwendung mehr. Aus von Basil und Irene wird ein Paar.

D	Name: ______________________	Datum: ______________________	

Das Parfum – Die Geschichte eines Mörders
(Film, 2006)

Frankreich im 18. Jahrhundert: Ein junger Mann wird in der südfranzösischen Stadt Grasse aus seiner Kerkerzelle auf den Balkon des Rathauses gezerrt, vor dem die aufgebrachte Stadtbevölkerung unten auf dem Marktplatz auf die Verkündung seines Todesurteils wegen mehrfachen Mordes wartet. Eine Rückblende führt auf den Fischmarkt von Paris, wo am 17. Juli 1738 eine Fischverkäuferin

Jean-Baptiste Grenouille entbindet. Seine Mutter kümmert sich nicht um ihn und vermutet, er sei eine „Halb"- oder Totgeburt wie zahlreiche ihrer Kinder zuvor. Als das Baby zu schreien beginnt, versucht Jean-Baptistes Mutter vergeblich vor der Menge zu fliehen, von der sie des versuchten Kindesmords bezichtigt wird. Kurz darauf wird sie durch den Strang hingerichtet.
Das Kind landet bei Madame Gaillard, die Kostkinder gegen Bezahlung aufnimmt. Ein Junge nähert sich ihm, da nimmt das Baby seinen Zeigefinger, um an ihm intensiv zu schnuppern. Die Kinder beschließen, das Baby zu ersticken, aber Madame Gaillard kann dies verhindern. Grenouille wird älter und erschließt sich die Welt über seinen Geruchssinn. Er wird sich bald seines großen Talents bewusst, Düfte mit seiner Nase aufzunehmen. Mit sechs Jahren hat er bereits seine Umgebung erschlossen.
Mit dreizehn Jahren verkauft Madame Gaillard Grenouille an den Gerber Grimal. Unmittelbar danach fällt sie einem Raubmord zum Opfer. Als Grenouille innerhalb des Betriebs aufsteigt, darf er Ware in die Stadt ausliefern. In den Straßen von Paris begegnet ihm ein Universum von Düften. Grenouilles Geruchssinn verfeinert sich, und er entdeckt, dass der Duft eines jungen Mädchens, das Mirabellen verkauft, es ihm besonders angetan hat. Grenouille folgt ihr, sie schreit, und er drückt ihr seine Hand auf den Mund. Grenouille bemerkt, dass er das Mädchen erstickt hat. Er riecht intensiv an ihrem Körper.
Als Grenouille eine Ladung Leder beim italienischen Parfumeur Giuseppe Baldini abgeben möchte, gelangt er in dessen Laden. Ein Konkurrent hat ein Parfum namens „Amor et Psyche" auf den Markt gebracht. Baldini wird von einem Kunden beauftragt, einen neuen Duft zu kreieren, der genauso gut sein soll wie „Amor et Psyche". Baldinis Gehilfe hat ein Fläschchen besorgt, doch Baldini hat für den Duft nur abschätzige Bemerkungen übrig. Baldini zieht sich in sein Laboratorium zurück, um den Duft zu kopieren. Inspirieren lässt er sich dabei von „Amor et Psyche", von dem er selbst ein Fläschchen in einer Schublade liegen hat. Er versucht zu ergründen, welche Essenzen darin verborgen sind und schreibt dafür eine Liste. Grenouille gelingt es, den Duft genau nachzumachen und er bittet Baldini, bei ihm in die Lehre gehen zu können. Baldini erscheint bei Grimal und kauft ihm Grenouille für 50 Francs ab. Nach einem anschließenden Wirtshausbesuch stolpert Grimal, schlägt sich den Kopf auf und stürzt in die Seine.
Grenouille verhilft der Duftstoffhandlung Baldinis zu neuem Glanz. Er erlernt bei Baldini viele Verfahren und Techniken zur Herstellung von Düften, darunter die Destillation. Doch bald muss er die Grenzen erkennen, als es ihm nicht gelingt, aus Glas, Kupfer oder Baldinis Katze Düfte zu destillieren. Als er erkrankt, erzählt ihm Baldini von der südfranzösischen Stadt Grasse, in der die besten Parfumeure der Welt arbeiten. Grenouille erholt sich von seiner Krankheit und verlässt mit seinem Gesellenbrief, den ihm Baldini gegen 100 Parfumformeln verfasst, Paris.

Während Grenouille nach Süden zieht, stürzt das sich auf einer Brücke über der Seine befindliche Haus Baldinis in der Nacht ein.
Auf dem Plomb du Cantal, einem Berg im Zentralmassiv, entdeckt Grenouille eine Höhle, in der er sich in völliger Abgeschiedenheit einrichtet und dort sieben Jahre lebt.

Auf dem Weg nach Grasse entdeckt Grenouille einen Duft, der köstlicher ist als der des ermordeten Mädchens in Paris: Ein junges Mädchen fährt in einer Kutsche vorbei. Grenouille folgt ihr nach Grasse bis zu ihrem Haus. Es gelingt ihm, Arbeit als Geselle im kleinen Parfümeuratelier der Witwe Arnulfi und ihres Gesellen Dominique Druot zu finden. Hier gelingt es Grenouille, die Kunst der Enfleurage zu erlernen und bald schon entsteht der Wunsch, Methoden zur Konservierung des Dufts des rothaarigen Mädchens zu erarbeiten.
Zu diesem Zweck durchstreift Grenouille die Gegend um Grasse. Mehrere Mädchen werden von ihm erschlagen und nackt aufgefunden. Er braut sich aus den von den Mädchen gewonnenen Düften ein Parfum zusammen und will den Duft des rothaarigen Mädchens als 13. Essenz gewinnen, um „das perfekte Parfum" zu schaffen.
Als auch eine Ausgangssperre dem Morden keinen Einhalt gebieten kann, wird ein Bischof herbeigerufen, der den Mörder exkommuniziert. Noch während der Zeremonie wird die Ergreifung des vermeintlichen Mörders in einer nahe gelegenen Stadt verkündet. Antoine Richis, Lauras Vater, traut dem Frieden jedoch nicht. Er versetzt sich in die Position des Mörders und kommt zum Schluss, seine Tochter Laura fehle dem Verbrecher noch in seiner Sammlung.

Er inszeniert eine Reise nach Grenoble, um Laura, die in wenigen Tagen vermählt werden soll, in ein Kloster in Sicherheit zu bringen. Grenouille folgt Vater und Tochter. Es gelingt ihm, Lauras Zimmer in einem Gasthof ausfindig zu machen, als er sich anschickt das schlafende Mädchen zu töten, erwacht dieses zwar, lässt aber ohne Gegenwehr Grenouille gewähren. Er schafft es also ihren Duft mit Hilfe der Enfleurage zu stehlen. Kurz nach dem Verbrechen wird er gefangen.
Sein Motiv bleibt im Dunkeln. Er äußert lediglich, er „habe die Mädchen gebraucht". Er wird verurteilt und soll am 17. April 1766 hingerichtet werden. Außerdem soll er bis zu seinem Tod am Holzkreuz aufgeknüpft bleiben. Doch die Hinrichtung wandelt sich jedoch in eine sexuelle Orgie aus, denn Grenouille schaffte es, durch sein aus Düften der von ihm ermordeten Frauen kreiertes Parfüm Zärtlichkeit und Liebe der Mitmenschen hervorzurufen. So gelingt es ihm, seine Hinrichtung abzuwenden. Grenouille flüchtet einen Tag später. Hingerichtet wird der unschuldige Parfumeur Dominique Druot, in dessen Schuppen die Kleider und abgeschnittenen Haare der getöteten Mädchen aufgefunden worden waren, und der unter Folter seine angeblichen Taten gesteht.
Grenouille kehrt zurück an seinen Geburtsort, wo er sich mit seinem Parfüm übergießt. Die Menschen sind von Grenouilles Parfum so entflammt, dass sie sich auf ihn stürzen und ihn vollständig verspeisen. Die Kamera fährt auf den Boden des Marktplatzes zu, bis man Grenouilles Parfümfläschchen sieht, aus dem ein letzter Tropfen austritt.
Insgesamt ist „Das Parfum – Die Geschichte eines Mörders" ein guter Film, der vor allem denjenigen gefallen wird, die das Buch nicht gelesen haben. Dies ist darin begründet, dass sich jetzt doch herausstellt, dass die Geschichte um den Parfumeur-Gesellen Grenouille nicht verfilmbar ist. Dennoch zeigt Tykwer, dass er sein Handwerk versteht, denn zeitweise blitzen wunderbar geniale Szenen hervor, für die sich ein Kinobesuch lohnt. Dafür wurde das Ende ein wenig lächerlich und zu harmlos inszeniert. Dort hätte man sich als Kenner des Buches sicherlich mehr gewünscht.

Wir von unserer Clique

Liebes Tagebuch, du weißt, ich bin ein introvertierter Typ, der nicht so leicht Anschluss findet, aber das ist jetzt vorbei. Sie haben mich in ihre Clique aufgenommen. Ich bin sehr froh, dass ich nicht mehr allein bin. Wir unternehmen immerzu was und ich hab nie mehr Langeweile.
Angefangen hat es damit, dass die Eva mich nach dem Turnen angequatscht hat, ob ich ihr mal meine Pumpe leihen tät. Ich lasse nämlich die Pumpe immer am Rad, obwohl sie schon zweimal geklaut worden ist und alle anderen sie wegmachen. Wie ich aber der Eva die Pumpe geb, merken wir, dass das Ventil geklaut ist und das Ding gar nicht funktioniert. Da hab ich mein Rad neben dem Platten von der Eva hergeschoben, und sie hat mir erzählt, dass sie einen Typ hat, der sie nervt bis zum Gehtnichtmehr, und ich hab gesagt, das kenn ich, so einen hatte ich auch mal, schick ihn doch zum Teufel, und seitdem sind wir Freundinnen.
Die Eva ist immer schick angezogen und hat zu jedem Outfit die passenden Klunker. Da mag ich auch nicht wie eine graue Maus nebenher laufen und hab mir im Schlussverkauf einen neuen Fummel gekauft. Wie wir durch die Isar-Auen geradelt sind, haben wir den Hans mit seinem Mountainbike getroffen. Der hat durch die Zähne gepfiffen und gesagt: Was seid ihr zwei dufte Hasen, eine schöner als die andere! Dann hat er uns am Kiosk ein Eis spendiert, der Charmeur.
Die Hannelore und die Rosi sind auch zwei lustige Nudeln, wenn sie dabei sind, ist immer was los. Dann haben wir noch den Harald und die Uschi, die ein so wahnsinnig glückliches Paar sind, dass es schon manchmal nervt. Sie kennen sich schon seit dem Kindergarten und sagen, es hätte nie ein Problem gegeben und sie hätten nichts anderes ausprobieren müssen, weil sie einfach füreinander geschaffen sind. So was gibt's also auch.
Dann haben wir noch den Detlev, der ist sehr gescheit und spielt gern den Anführer, was uns nicht immer passt, aber er weiß wirklich viel und kennt sich mit den Wegen aus, wenn wir mit den Rädern unterwegs sind. Und dann den kleinen Gipsy. Der Gipsy hängt oft hinten hinaus, weil er nur ein kleines Radl hat und nicht so schnell kann, aber wir warten schon auf ihn. Dafür kann er so herrlich Witze erzählen, dass wir uns halb totlachen. In unserer Stammkneipe lassen wir oft solche Lachsalven los, dass die Leute sich umdrehen. Aber wenn sie sehen, was für eine nette Clique wir sind, lächeln sie ganz freundlich.
Überhaupt sind eigentlich alle Leute immer wahnsinnig nett zu uns, sogar die Autofahrer. Wenn wir in der Crew daherkommen, lachen sie immer und winken uns zu. Kürzlich hat sogar einer angehalten und den Gipsy vorbeigelassen, obwohl schon längst Rot war, aber er hat halt gesehen, dass der Gipsy zu uns gehört und nicht so schnell kann.
Meine Leute, die sonst nie Zeit für mich haben, haben auf einmal angefangen zu motzen und finden es gefährlich, wenn wir immer in Eigenregie unterwegs sind. Da könnte doch leicht was passieren, meinen sie. Und es gäbe doch so viele schöne Freizeitangebote, wo wir gut betreut würden und viel Schönes erleben könnten. Wir wollten da nicht hin, aber damit sie Ruhe gaben, sind die Eva und ich doch einmal zu so einer Freizeit mitgegangen.
Da waren so zwei Schlaffis, die uns mit unendlich milden Stimmen angeredet haben und schön langsam und deutlich, damit wir's auch kapieren. Der eine Schlaffi hat uns Knete gegeben zum Rumbatzen, und der andere hat Vorträge über Natur und Umwelt gehalten, was wir zwar alles schon wussten, aber jetzt wissen wir's noch besser. Dann ist ein auch sehr mildes Fräulein gekommen und hat Reigentänze mit uns eingeübt. Einmal haben wir ein Kloster besichtigen müssen, das war schon über 1000 Jahre alt – und als nach zwei Stunden noch nicht einmal 500 Jahre herum waren, ist es der Eva und mir zu dumm geworden, und wir haben uns rausgeschlichen und auf der Klostermauer eine geraucht. Leider hat es doch jemand beobachtet – und als publik war, dass wir rauchen, haben sie uns angeglotzt wie exotische Tiere oder wie Schwerverbrecher. Kurz, einmal und nicht wieder! Wir waren froh, als die Tage rum waren und wir wieder zu unserer alten Clique stoßen konnten.
Da haben wir den Harald trösten müssen. Seine Uschi hat ihn verlassen. Vielleicht hat sie das schon länger vorgehabt, sie war ein bisschen komisch in letzter Zeit. Aber wir haben alle gedacht, das macht sich wieder. Und jetzt ist sie auf einmal weg. Das ist schlimm für den Harald, wo sie doch füreinander geschaffen waren, und die Uschi hat immer alles für ihn gemacht.

Jetzt stehen natürlich die Weiber schon Schlange beim Harald, wie immer, wenn einer frei wird, und ich bin gespannt, welche von ihnen den Platz von der Uschi einnehmen darf. Ich jedenfalls nicht, ich bin nicht scharf auf den Harald, der ist mir zu lätschert.

Liebes Tagebuch, dir kann ich es anvertrauen: Ich glaube, ich hab mich ein bisschen in den Detlev verliebt. Wenn er auch ein Macho ist. Aber er hat was. Als wir letzte Woche im Jazzkeller waren, da hat es gefunkt. Beim Trompetensolo hat er auf einmal meine Hand gedrückt. Gestern hat er mein Radl repariert. Er hat zwar lang gebraucht, aber dafür scheppert jetzt gar nichts mehr. Zum Dank hab ich ihm eine selber gemachte Pizza gebracht, mit Artischockenherzen, die haben wir miteinander auf seiner Bude verspeist und dazu Musik gehört, und das Kerzenlicht funkelte in den Rotweingläsern. Und mehr, liebes Tagebuch, schreib ich nicht auf ...

Es heißt, sie wollen den kleinen Gipsy in ein Heim stecken, weil er wieder Dummheiten gemacht hat, aber die macht er ja bloß, weil sich von seinen Leuten keiner um ihn kümmert. Wir haben jetzt ausgemacht, dass sich jeden Tag einer von uns um den Gipsy kümmert, sodass er gar nicht auf dumme Gedanken kommen kann. Der Gipsy gehört einfach zu uns – und das kommt ja gar nicht in die Tüte, dass einer von unserer Clique ins Heim gesteckt wird. Nächsten Monat haben wir gleich zwei runde Geburtstage. Das wird ganz toll gefeiert. Die Rosi wird siebzig und der Gipsy fünfundachtzig.

Nach: Jutta Makowsky: Wir von unserer Clique.
In: Turmschreiber - Geschichten, Gedanken, Gedichte, S. 58 f.

D	Name: ______________________	Datum: ______________________	

Inhaltsangabe
Wir von unserer Clique

Arbeitsaufgaben:

❶ Fassen Sie den Inhalt der Erzählung zusammen.

❷ Beschreiben Sie kurz die zwei Bilder und bringen Sie diese mit der Erzählung in Verbindung.

zu ❶

zu ❷

D Name: ______________________ Datum: ______________________

Inhaltsangabe
Wir von unserer Clique

Arbeitsaufgaben:
❶ Fassen Sie den Inhalt der Erzählung zusammen.
❷ Beschreiben Sie kurz die zwei Bilder und bringen Sie diese mit der Erzählung in Verbindung.

zu ❶

In der Geschichte „Wir von unserer Clique", von der Autorin Jutta Makowsky verfasst und im „Turmschreiber 2004 – Geschichten, Gedanken, Gedichte" veröffentlicht, geht es um eine Clique, die aus lauter älteren Menschen besteht und um die Abenteuer, die die Verfasserin als Gruppenmitglied mit ihren Freunden erlebt. Die gesamte Geschichte ist in Tagebuchform verfasst. Die Erzählung beginnt mit dem Eintritt der Ich-Erzählerin in eine Clique. Im Verlauf der Geschichte werden die einzelnen Mitglieder der Gruppe wie z. B. Harald, Gipsy, Uschi und Rosi kurz charakterisiert. Die Ich-Erzählerin fängt an, ihr äußeres Erscheinungsbild zu verbessern, um sich anzupassen. Außerdem beschreibt sie die lustige Stimmung

innerhalb der Gruppe und die Ausflüge, die sie unternehmen. Dem Leser wird durch die jugendhafte Sprache und die Erlebnisse vorgegaukelt, dass es sich bei den Personen um Jugendliche handelt, was jedoch erst in der letzten Zeile der Erzählung widerlegt wird, in der das Alter von Rosi mit „siebzig" und das von Gipsy mit „fünfundachtzig" angegeben wird.

Sabine Bee (M10)

zu ❷

Auf beiden Bildern sind rüstige alte Menschen zu sehen, wie sie auch in der Erzählung beschrieben werden. Auf dem einen Bild unterhalten sich zwei ältere Frauen, auf dem anderen Bild sitzt ein Paar trotz herbstlicher Temperaturen glücklich auf einer Bank. Senioren müssen beileibe nicht zum alten Eisen gehören, sie haben das Recht, Sport und Bewegung, Geselligkeit und Sexualität genauso wie die Jüngeren zu praktizieren. Wie romantisch und zugleich rührend ist es, wenn man zwei alte Leute händchenhaltend durch einen Park spazieren sieht. Dann denke ich: Hoffentlich ist es bei mir im Alter auch so.

Droge Verwöhnung

Maßlosigkeit bei Geschenken und Süßigkeiten, Erfüllung aller Wünsche sofort, dauerndes Verhätscheln, Inkonsequenz, In-Watte-Packen bei kleinstem Unwohlsein, Aufgaben oder Konflikte für ein Kind lösen: Verwöhnung hat viele Gesichter. Auslöser für die Beschäftigten mit diesem Thema war eine Tauffeier mit vielen Kleinkindern: Fast alle hatten in der Kirche eine Nuckelpulle im Mund. Und jene, welche noch kein Getränk hatten, brauchten nur in die Nähe ihrer Eltern zu kommen und schon bekamen auch sie eine Flasche. Ob sich die Eltern der Wirkung ihres Tuns bewusst waren? Um ein Trinken als Reaktion auf Durst konnte es sich nicht handeln. Es war eine Form der Ruhigstellung.
Aber selbst wenn Durst da gewesen wäre: Kann denn ein Kind keine Dreiviertelstunde warten?
Jeglicher Wollensäußerung im Moment zu entsprechen heißt auch, Auseinandersetzung zu vermeiden und Anspruchsdenken zu fördern. Was, wenn mal wirklich eine Durststrecke ansteht, wenn es Entbehrung kostet, ein Ziel zu erreichen? In dauernder Bedürfnisbefriedigung heranwachsende Kinder werden panisch reagieren. Der Verlust wird als persönlicher Angriff erlebt, dem mit Aggression begegnet wird.
Ein Blick in die Schule zeigt, wie wenig belastbar Kinder und Jugendliche heute sind: kaum noch fähig, Kraft und Ausdauer als Voraussetzung von Erfolg – und daraus resultierender Zufriedenheit – zu sehen. Jedes Kind hat das Recht vor verwöhnenden Eltern geschützt zu werden!", las ich dann vor einiger Zeit im Seminarraum eines psychologischen Institutes. Ich fragte nach, von wem der Satz sei. „Wir haben ihn als Ergänzung zur Konvention der Kinderrechte formuliert", sagte mir der Leiter des Instituts. Daraufhin beschäftigte ich mich intensiver mit dem Phänomen der Verwöhnung.
Als Erstes wurde mir klar, dass zwischen Verwöhnung und situationsgemäßer Zuwendung deutlich zu unterscheiden ist. Zuwendung orientiert sich am anderen, an seinen Entwicklungsschritten, ist wohlwollend und ermutigend, auf Eigenverantwortung gerichtet. Dagegen tritt Verwöhnung zwar im Gewand der Zuwendung auf, orientiert sich aber an den Bedürfnissen des Verwöhners. Ob nun kontinuierlich Fehlverhalten hingenommen wird, Hürden weggeräumt oder angenehme Gefühlszustände ermöglicht werden: Es geht stets um den eigenen Vorteil, nicht um das Wohl des Kindes. Ein konfliktfreies Miteinander wird zum Ideal. Erfolg wird ohne Vorleistung erfahrbar, Passivität belohnt. Es lebt sich wie im Schlaraffenland. Das Kind gewöhnt sich an den bequemen Mechanismus alles leicht zu bekommen. Verwöhnen und Gewöhnen werden ein Paar.
Die Folge ist eine Abnahme jeglicher Anstrengung. Das Kind wird permanent entmutigt. Anfangs wehrt es sich noch: „Kann allein" oder „will nicht" – später gibt es auf. Eigene Interessen haben keine Chance zur Verwirklichung, Willens- und Persönlichkeitsbildung finden nicht statt. Die Kraftlosigkeit führt auf Dauer zu Verwahrlosung, Aggression, letztlich zu Gewalt. Verwöhnung hat einen hohen, nicht selten lebenslang zu zahlenden Preis.
Weshalb verwöhnen Eltern ihre Kinder, Frauen ihre Männer und umgekehrt? Ein zentraler Aspekt liegt in der meist unbewussten Absicht die eigene Position zu sichern, andere von sich abhängig zu machen. Frauen verwöhnen eher durch aktives Tun, Männer durch Vermeiden von Auseinandersetzung. Frauen verwöhnen häufiger als Männer, und Mädchen werden mehr als Jungen verwöhnt.
Verwöhnung hat für den Verwöhnenden die Funktion einer emotionalen Lebensversicherung. Der Satz „Mein Kind ist mein Ein und Alles" zeigt überdeutlich, wo Veränderung einzusetzen hat. Denn in der Erziehung zu einem mündigen Menschen geht es nicht um mein „Ein und Alles", sondern darum, die uns anvertrauten Kinder zu einem eigenständigen Leben zu befähigen. Das Kind ist kein kuscheliger Schoßhund, darf fehlendes Glück in der Partnerschaft nicht ersetzen.
Wenn Erziehung sich als Verwöhnung etabliert, findet dies gesellschaftlichen Widerhall. Die zukünftige Generation wird zu kraftlosen, ängstlichen, leistungsschwachen, unmotivierten und angepassten Egoisten, die sich nach Versorgtsein sehnen.
Aber auf Dauer wird die vorgegaukelte Leichtigkeit des Seins zur Unerträglichkeit. Der ehemalige Bundespräsident Roman Herzog bemängelte, das große Problem in Deutschland sei eine „mentale Depression". Freude, Stolz, Zuversicht und Erfolg seien der Aura der Verwöhnung erlegen.
Ob Einsicht, Zeit und Kraft reichen, die Mutation vieler Zeitgenossen zum „Homo schlaraffiensis" rückgängig, dem Lebensideal als Made im Speck den Garaus zu machen?

Nach: Dr. Albert Wunsch: Droge Verwöhnung. In: Die Zeit

D	Name: ______________________	Datum: ______________________

Inhaltsangabe
Droge Verwöhnung

Arbeitsaufgaben:

❶ Fassen Sie den Inhalt des Artikels in einigen Sätzen zusammen.

❷ Beschreiben Sie mit eigenen Worten, worum es in der Grafik oben geht.

zu ❶

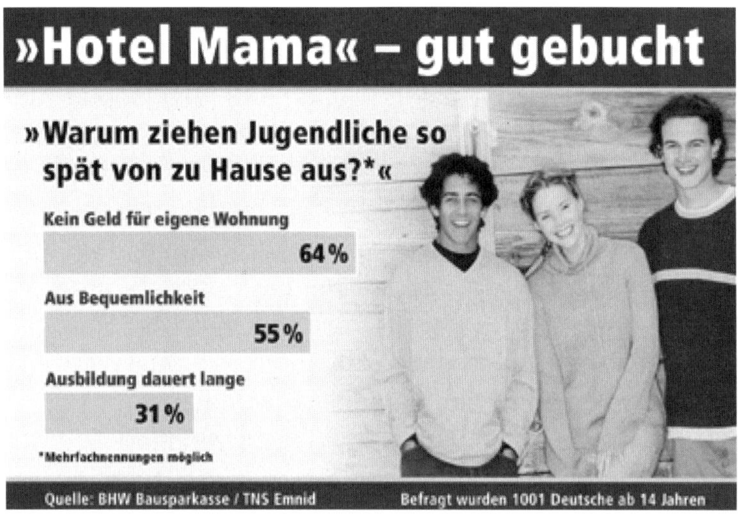

In seinem Artikel „Droge Verwöhnung" aus dem Wochenmagan „Die Zeit" kritisiert der Autor Dr. Albert Wunsch, dass Kinder immer mehr verwöhnt werden und deshalb oft nicht die Möglichkeit haben, ihre eigene Persönlichkeit zu entwickeln.

Zuerst zeigt der Verfasser verschiedene Gesichter der Verwöhnung auf. Dann berichtet er von einer Tauffeier mit vielen Kleinkindern, welche für ihn der Anlass war, sich mit dieser Thematik auseinanderzusetzen. Denn auf dieser Feier bekamen die Kinder ihre Flasche nicht zum Durstlöschen, sondern um sie ruhig zu stellen. Dies ist aber falsch, weil ein Kind, das sofort alles bekommt, später auf einen abgeschlagenen Wunsch aggressiv reagieren wird. Wenn der Autor in die Schulen schaut, sieht er, dass der Jugend Kraft und Ausdauer fehlt. Weiter erklärt er, dass man zwischen situationsgemäßer Zuwendung und Verwöhnung unterscheiden muss. So hat Verwöhnung immer letztendlich ein eigennütziges Ziel. Der Auslöser für das zwischenmenschliche Verwöhnen liegt laut Autor hauptsächlich in dem unbewussten Streben, das Gegenüber in eine Abhängigkeit zu stellen. Zuletzt macht der Verfasser darauf aufmerksam, dass das absolute Ziel der Erziehung der Grundstock für ein selbstständiges Leben und nicht der Weg des geringsten Widerstands sein sollte.

Stefan Haase (M10)

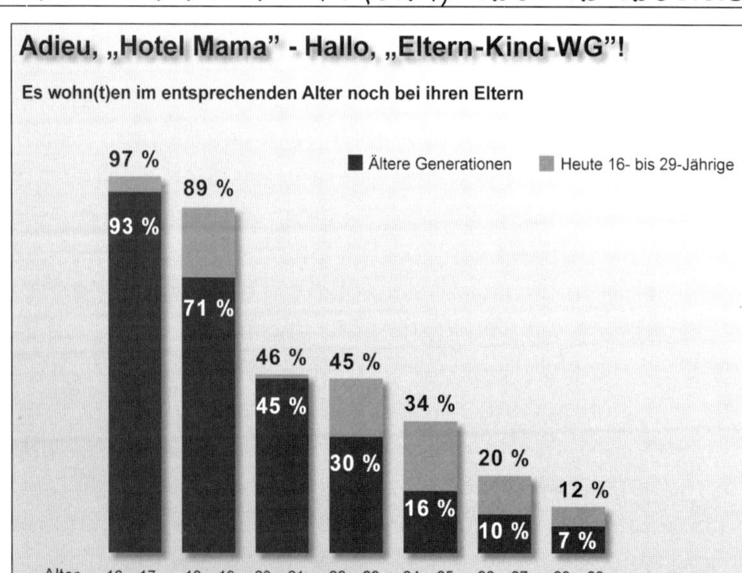

zu ❷

Die Grafik „Hotel Mama – gut gebucht" zeigt die drei wichtigsten Günde, warum so viele Jugendliche erst relativ spät aus dem Elternhaus ausziehen.

Operation Schönheit: Der Natur ein „Schnittchen" schlagen

Früher fürchteten sich die Menschen vor wilden Tieren, vor Feinden, Feuersbrünsten, Hungersnot. Die Lebenserwartung lag beispielsweise im Mittelalter bei nicht einmal 30 Jahren. Heute werden die Menschen durchschnittlich zwischen 74 und 80 Jahre alt - und ihr ärgster Feind ist die Falte. „Die Leute fühlen sich jünger und fitter und wollen bloß nicht alt aussehen", sagt ein Ulmer Professor, „sie wollen das Äußere dem Inneren anpassen". So wie jener 79-jährige Mann, der in dessen Klinik für plastische Chirurgie kam und bat, sein Gesicht ein wenig mit dem Skalpell zu glätten. Er hatte sich in die Nachbarin verliebt und wollte etwas jünger wirken. Vor gut zehn Jahren wurden die Adressen fingerfertiger Schönheitschirurgen fast nur in Kreisen ausgetauscht, in denen gutes Aussehen vor der Kamera oder auf der Bühne mit barem Geld belohnt wird. Mittlerweile kursieren die Tipps sogar auf dem Pausenhof. Bei einer Umfrage unter Schülern gab angeblich jeder Fünfte an, er würde sich später mal das Fett absaugen lassen. Bei Schönheitschirurgen fragen immer wieder junge Mädchen an, die ihr Taschengeld für eine Brustvergrößerung ansparen und als Erstes wissen wollen, ob sie die 5 000 € abstottern könnten.
Ist diese Entwicklung verwunderlich? Eigentlich nicht, träumen sie doch den gleichen Traum wie vielleicht ihre Mütter. Jede zweite Frau in Deutschland ist generell nicht abgeneigt, sich operativ nachbessern zu lassen. Eitelkeit scheint keine Frage des Geschlechts zu sein. Jeder dritte Patient der verschönernden Zunft ist ein Mann, der sich das Fett aus der Hüfte saugen, die Tränensäcke und das Doppelkinn entfernen oder sogar die Brust ein wenig aufpolstern lässt. Dabei wollen immer mehr nicht einfach nur dem Alter ein „Schnittchen" schlagen, sondern sie beginnen mit der chirurgischen Fitnesskur bereits reichlich früh. Der Anteil der Teenager steigt. Bei einem plastischen Mediziner in Hamburg machen die unter 20-Jährigen bereits 15 Prozent seiner Patienten aus. Dabei warnen die Experten eindringlich vor einem Eingriff in jungen Jahren. Ein Fünftel der Operationen bei Jugendlichen muss aufgrund körperlicher Wachstumsveränderungen wiederholt oder korrigiert werden. Solchen Nachbesserungen sind aber Grenzen gesetzt, Kompromisse sind dann unumgänglich. Dabei wollen sich doch immer weniger Jugendliche mit dem Körper abfinden, der ihnen von Natur aus gegeben ist.
„Die derzeit angesagten Operations-Shows suggerieren, dass alles möglich ist und so harmlos wie ein Gang zum Friseur", grummelt ein plastischer Chirurg. Das führe zu einem „Imageschaden" seiner Zunft, fürchtet auch sein Ulmer Kollege. Er wirft etlichen Kollegen „überhebliche Medizin" vor, weil sie den Eindruck erwecken, das Skalpell könne alle Probleme lösen. Aber man kann nicht jemanden in einen anderen verwandeln. Das ist nichts Halbes und nichts Ganzes.
Matt und Mike aus Arkansas, von der Natur nicht gerade gesegnet, haben es kürzlich versucht. Sie wollten sich für eine amerikanische Fernsehserie in Ebenbilder des Frauenschwarms Brad Pitt umarbeiten lassen. Sie sehen zwar jetzt etwas besser aus als vorher, doch nur ganz entfernt wie der blonde Filmheld. Ob sie sich damit dauerhaft besser fühlen, muss sich noch herausstellen.
Natürlich kann plastische Chirurgie einem Menschen dazu verhelfen, ein erfülltes Leben zu führen. Doch überwiegend geht es in solchen Fällen darum, etwa eine überdimensionale Nase auf ein verträglicheres Maß zurechtzustutzen oder Entstellungen nach schweren Unfällen sowie nach Krankheiten wie Brustkrebs so gut es geht zu beseitigen. Dadurch ist es möglich, den Menschen eine gewisse Lebensqualität wiederzugeben. Die „seriöse" plastische Chirurgie ist in solchen Fällen eine echte Bereicherung der ärztlichen Heilkunst. Gelegentlich gehen die Patienten aber wieder aus der Klinik, ohne dass auch nur ein Tropfen Blut geflossen ist. Dann hat der Arzt mit Worten das getan, wofür andere vielleicht das Skalpell angesetzt hätten. Er hat als „neutrale" Instanz einem unsicheren Menschen klar gemacht, dass er so, wie er aussieht, gut ist und Charakter hat. Es passiert immer wieder, dass jemand nach einer schwierigen Situation wie einem Todesfall oder einer Trennung in eine Sackgasse gerät und sich von einem Eingriff einen Ausweg verspricht. Aber er versucht sein Ich zu verleugnen. Manchmal ist es auch Aufgabe der Mediziner, Menschen vor einer Operation zu bewahren.

Aus: Augsburger Allgemeine Zeitung

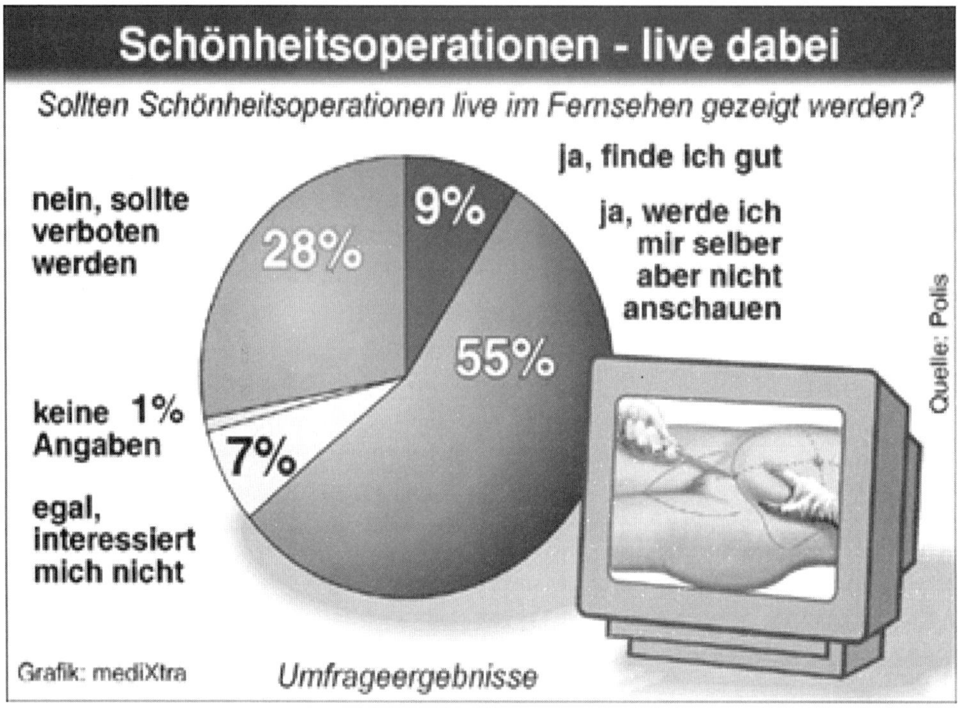
Schönheitsoperationen - live dabei
Sollten Schönheitsoperationen live im Fernsehen gezeigt werden?
ja, finde ich gut
9%
ja, werde ich mir selber aber nicht anschauen
55%
nein, sollte verboten werden
28%
keine Angaben 1%
egal, interessiert mich nicht
7%
Quelle: Polis
Grafik: mediXtra
Umfrageergebnisse

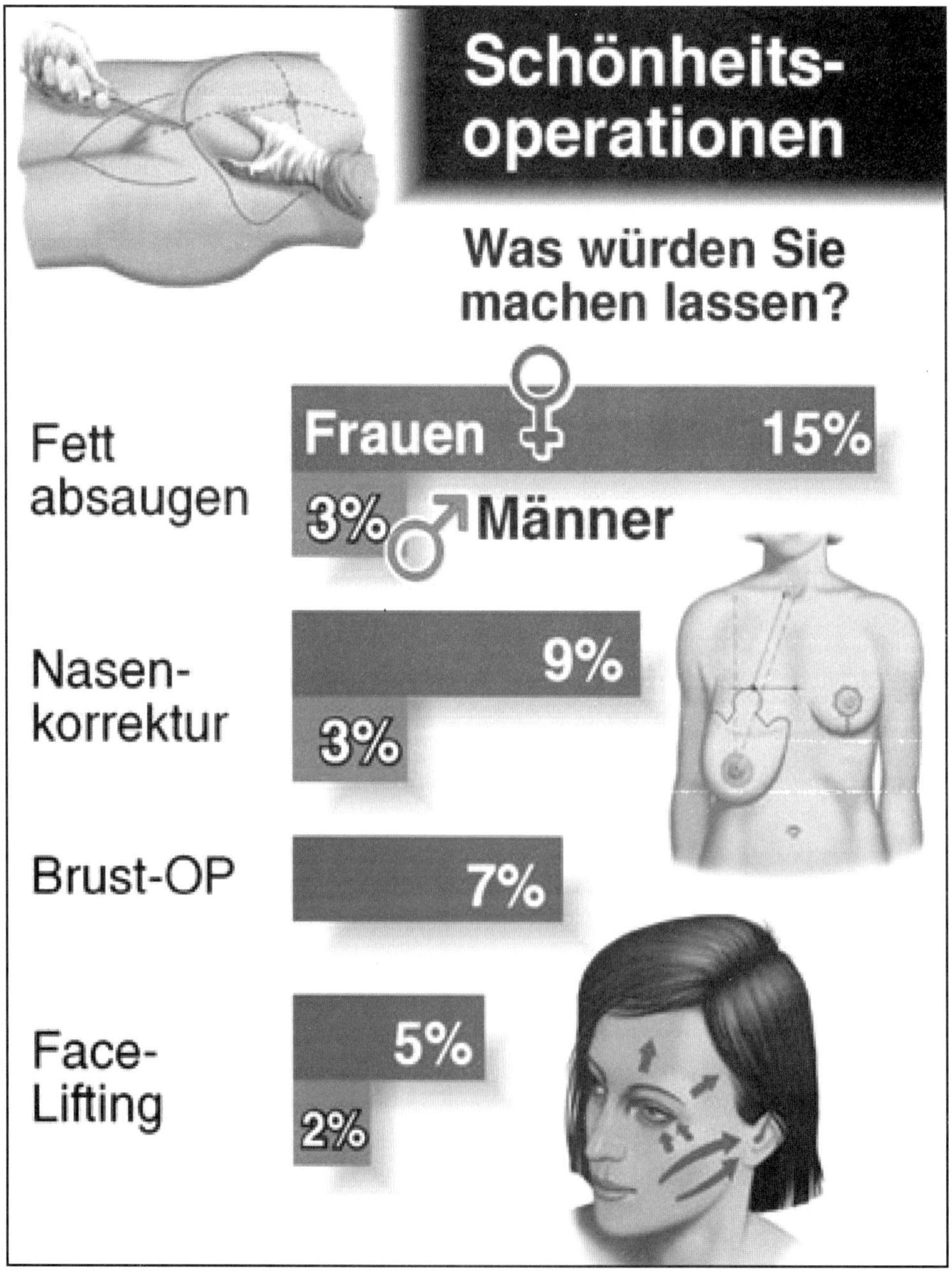
Schönheits-operationen
Was würden Sie machen lassen?
Fett absaugen
Frauen
15%
3%
Männer
Nasen-korrektur
9%
3%
Brust-OP
7%
Face-Lifting
5%
2%

D Name: ____________________ Datum: ____________________

Inhaltsangabe
Operation Schönheit

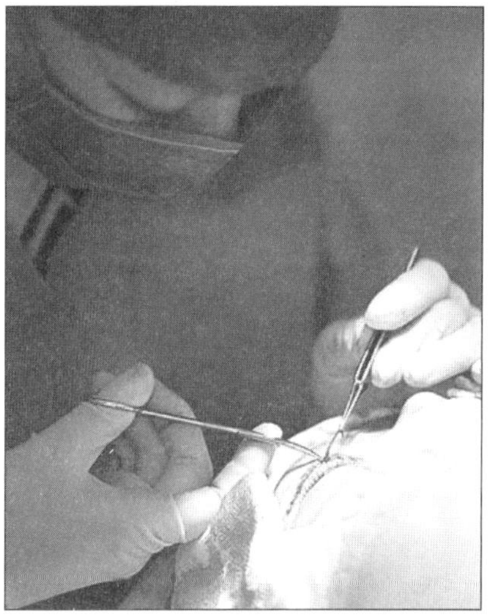

Arbeitsaufgaben:

❶ Fassen Sie den Inhalt des Artikels zusammen.

❷ Geben Sie kurz Inhalt und Intention der Karikatur wieder.

zu ❶

zu ❷

D Name: ______________________ | Datum: ______________________

Inhaltsangabe
Operation Schönheit

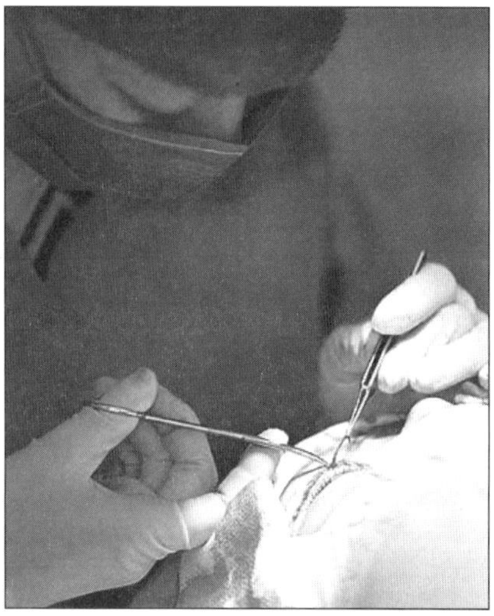

Arbeitsaufgaben:

❶ Fassen Sie den Inhalt des Artikels zusammen.

❷ Geben Sie kurz Inhalt und Intention der Karikatur wieder.

zu ❶

In dem Zeitungsartikel „Operation Schönheit: Der Natur ein ‚Schnittchen' schlagen" aus der Augsburger Allgemeinen Zeitung wird der Leser ganz allgemein über die Entwicklung der Schönheitschirurgie und deren Risiken aufgeklärt.

Der Verfasser gibt an, dass sich nicht nur die Älteren, sondern vermehrt auch die jungen Leute verschönern lassen wollen. Und es ist keine Frage des Preises, denn man ist bereit, für diese Operationen Schulden zu machen. Es ist auch keine Frage des Geschlechts, denn jeder dritte Mann ist bereit, sich des Aussehens wegen unters Messer zu legen. Eindringlich wird gewarnt, dass sich Jugendliche zu früh „nachbessern" lassen, obwohl ihr Körper noch Wachstumsveränderungen unterworfen ist. Oft ist eine erneute Korrektur unumgänglich – und teuer. Die Operations-Shows im Fernsehen suggerieren, dass in Bezug auf Schönheit alles möglich ist. Natürlich bringt das viel Geld. Zu wenig wird nach Ansicht von „seriösen" plastischen Chirurgen vor den Gefahren gewarnt. Nur selten wird versucht, Patienten dazu zu bewegen, aus medizinischen Gründen auf die „Verschönerung" zu verzichten. Eine Operation macht dann Sinn, wenn Personen eine gewissen Lebensqualität wiedergegeben werden kann. Brustkrebspatientinnen und durch Unfälle entstellte Menschen gehören zu diesem Kreis. Nach Ansicht des Autors sei es vorrangige Aufgabe der Mediziner, Menschen vor einer Operation zu bewahren.

Anja Merz (M10)

zu ❷

Die Karikatur ist schon boshaft. Die Frau am Herd hat sich sicherlich schon öfters einer Schönheitsoperation unterzogen, was ihre aufgespritzten Lippen, ihre gestraffte Gesichtshaut und ihre üppige Oberweite belegen. Weitere OPs werden sicherlich nicht zur Verbesserung des Aussehens beitragen. Der Zeichner Wolf-Rüdiger Marunde will den Schönheitswahn unserer Zeit anprangern und zugleich auf missglückte OPs wie z. B. bei Donatella Versace hinweisen.

Generalvertreter Ellebracht begeht Fahrerflucht

Ich habe nicht auf die neue Breite geachtet, dachte Ellebracht. Nur deswegen ist es so gekommen. Der hemdsärmelige Mann hob die rechte Hand vom Lenkrad ab und wischte sich hastig über die Brust. Als er die Hand zurücklegte, spürte er, dass sie noch immer schweißig war, so schweißig wie sein Gesicht und sein Körper. Schweißig vor Angst.

Nur wegen der Breite ist alles gekommen, dachte der Mann wieder. Er dachte es hastig. Er dachte es so, wie man stammelt. Die Breite des Wagens, diese neue, unbekannte Breite. Ich hätte das bedenken sollen.

Jäh drückte der Fuß Ellebrachts auf die Bremse. Der Wagen kreischte und stand. Eine Handbreit vor dem Rotlicht, das vor dem Eisenbahnübergang warnte. Fehlte grade noch! dachte Ellebracht. Fehlte grade noch, dass ich nun wegen einer so geringen Sache wie Überfahren eines Stopplichtes von der Polizei bemerkt werde. Das wäre entsetzlich. Nach der Sache von vorhin ...

Mit hohlem Heulen raste ein D-Zug vorbei. Ein paar zerrissene Lichtreflexe, ein Stuckern, ein verwehter Pfiff. Die Ampel klickte auf grün um. Ellebracht ließ seinen Wagen nach vorn schießen. Als er aufgeregt den Schalthebel in den dritten Gang hineinstieß, hatte er die Kupplung zu nachlässig betätigt. Im Getriebe knirschte es heftig.

Bei dem Geräusch bekam Ellebracht einen üblen Geschmack auf der Zunge. Hört sich an wie vorhin, dachte er. Hört sich an wie vorhin, als ich die Breite des Wagens nicht richtig eingeschätzt hatte. Dadurch ist es passiert. Aber das wäre jedem so gegangen. Bis gestern hatte ich den Volkswagen gefahren. Immer nur den Volkswagen, sechs Jahre lang. Und heute morgen zum ersten Male diesen breiten Straßenkreuzer. Mit dem VW wäre ich an dem Radfahrer glatt vorbeigekommen. Aber so ...

Fahr langsamer, kommandierte Ellebracht sich selbst. Schließlich passiert ein neues Unglück in den nächsten Minuten. Jetzt, wo du bald bei Karin bist und den Kindern.

Karin und die Kinder. Ellebrachts Schläfen pochten. Er versuchte, sich zu beruhigen: Du musstest weg von der Unfallstelle. Gerade wegen Karin und der Kinder. Denn was wird, wenn du vor Gericht und ins Gefängnis musst? Die vier Glas Bier, die du während der Konferenz getrunken hast, hätten bei der Blutprobe für deine Schuld gezeugt, und dann? Der Aufstieg deines Geschäftes wäre abgeknickt worden. Nicht etwa darum, weil man etwas Ehrenrühriges in deinem Unfall gesehen hätte. Wie hatte doch der Geschäftsführer von Walterscheidt & Co. gesagt, als er die alte Frau auf dem Zebrastreifen verletzt hatte? Kavaliersdelikt! Nein, nicht vor der Schädigung meines Rufes fürchte ich mich. Aber die vier oder sechs Wochen, die ich vielleicht im Gefängnis sitzen muss, die verderben mir doch das Konzept! Während der Zeit schickt die Konkurrenz ganze Vertreterkolonnen in meinen Bezirk und würgt mich ab. Und was dann? Wie wird es dann mit unserem Wagen? Und mit dem neuen Haus? Und was sagt Ursula, die wir aufs Pensionat in die Schweiz schicken wollen?

„Du hast richtig gehandelt!", sagte Ellebracht jetzt laut, und er verstärkte den Druck auf das Gaspedal. „Du hast so gehandelt, wie man es als Familienvater von dir erwartet."

Verdammte Rotlichter! dachte Ellebracht weiter und brachte den Wagen zum Stehen. Ich will nach Hause. Ich kann erst ruhig durchatmen, wenn der Wagen in der Garage steht und ich bei der Familie bin.

Und wann ist der Mann mit dem Fahrrad bei seiner Familie?

Der Mann, der mit ausgebreiteten Armen wie ein Kreuz am Straßenrand gelegen hatte? Der Mann, der nur ein wenig den Kopf herumdrehte – du hast es im Rückspiegel deutlich gesehen –, als du den bereits abgestoppten Wagen wieder anfahren ließest, weil dir die wahnsinnige Angst vor den Folgen dieses Unfalls im Nacken saß? Du, wann ist dieser Mann bei seiner Familie? Jetzt werd bloß nicht sentimental! dachte Ellebracht. Jetzt werd bloß nicht dramatisch! Bist doch ein nüchterner Geschäftsmann! Ellebracht sah stur nach vorn und erschrak. Da war ein Kreuz. Ein Kreuz an seinem Wagen. So ein Kreuz, wie es der Mann vorhin gewesen war.

Ellebracht versuchte zu grinsen. Kriege dich bloß wieder ein, dachte er. Du siehst doch, was es ist. Das war mal das Firmenzeichen auf der Kühlerhaube. Es ist von dem Zusammenprall mit dem Fahrrad abgeknickt worden und hat sich zu einem Kreuz verbogen. Ellebracht konnte nicht anders.

Er musste immerfort auf dieses Kreuz starren. Ich steige aus, dachte er. Ich steige aus und biege das Ding wieder zurecht. Schon tastete seine Hand zum Türgriff, als er zusammenzuckte. Am Kreuz schillerte es, verstärkt durch das Licht der Signalampel.
„Ich muss nach Hause!", stöhnte Ellebracht und schwitzte noch mehr. „Wann kommt denn endlich Grün?"
Die feuchten Finger zuckten zum Hemdkragen, versuchten, den Knopf hinter der Krawatte zu lösen. Aber der Perlmutterknopf entglitt einige Male dem Zugriff.
Grün!
Der Schwitzende riss einfach den Hemdkragen auf und fuhr an. Das Kreuz macht mich verrückt, dachte er. Ich kann das nicht mehr sehen! Und wie der Mann dalag. Ob man ihn jetzt schon gefunden hat? Ob er schon so kalt und starr ist wie das Kreuz vor mir? Ellebracht stoppte. Diesmal war kein Rotlicht da. Nichts. Nur das Kreuz. Nur das Kreuz, das einen riesigen Schatten warf in den Wagen hinein. Nur das Kreuz, das vor dem Hintergrund des Scheinwerferlichtes stand.
„Ich kann so nicht nach Hause!", flüsterte der Schwitzende. „Ich kann so nicht zu Karin und den Kindern zurück. Ich kann so zu niemandem zurück!"
Ein anderer Wagen überholte Ellebracht. Eine grelle Hupe schmerzte.
Ich kann das Kreuz nicht zurechtbiegen und dabei in das Blut greifen. Ich bringe das nicht fertig. Ich kann nicht eher zu irgendeinem zurück, bis ich bei dem Mann gewesen bin.
Ellebracht spürte, wie seine Hände trocken wurden und sich fest um das Lenkrad legten. Ohne Mühe wendete der Mann den schweren Wagen und jagte die Straße zurück. Wieder die Signale, die Bahnübergänge, jetzt die Abbiegung, die Waldstraße. Ein paar Steine schepperten gegen die Kotflügel. Ellebracht verlangsamte die Fahrt, und seine Augen durchdrangen mit den Scheinwerfern das Dunkel. Da war der Haufen von verbogenem Blech und Stahl. Und da lag das menschliche Kreuz. Als Ellebracht schon den Fuß auf der Erde hatte, sprang ihn wieder die Angst an. Aber dann schlug er die Tür hinter sich zu und lief. Jetzt kniete Ellebracht neben dem Verletzten und drehte ihn behutsam in das Scheinwerferlicht des Wagens. Der blutende Mann schlug die Augen auf und griff zuerst wie abwehrend in das Gesicht Ellebrachts. Dann sagte der Verletzte: „Sie haben - angehalten. Dan - ke!" „Ich habe nicht - ich - ich bin nur zurückgekommen", sagte Ellebracht.

Josef Reding: Der achte Tag im Paradies, In: Neue Geschichten für junge Leute

D	Name: ______________________	Datum: ______________	

Inhaltsangabe
Generalvertreter Ellebracht begeht Fahrerflucht (Josef Reding)

Arbeitsaufgaben:

❶ Fassen Sie den Inhalt der Kurzgeschichte zusammen.

❷ Welche Absicht verfolgt der Verfasser mit seiner Kurzgeschichte?

zu ❶

zu ❷

D Name: ______________________ Datum: ______________________

Inhaltsangabe
Generalvertreter Ellebracht begeht Fahrerflucht (Josef Reding)

Arbeitsaufgaben:

❶ Fasse den Inhalt der Kurzgeschichte zusammen.

❷ Welche Absicht verfolgt der Verfasser mit seiner Kurzgeschichte?

zu ❶

Die Kurzgeschichte „Generalvertreter Ellebracht begeht Fahrerflucht" von Josef Reding, erschienen in „Neue Geschichten für junge Leute" aus „Der achte Tag im Paradies" im Jahre 1996 in Gütersloh, erzählt von einem Familienvater, der nach einer Konferenz unter Alkoholeinfluss in seinem neuen Wagen einen Unfall verursacht, Fahrerflucht begeht und am Ende doch zu dem Verletzten zurückfährt.
Der Autor berichtet zuallererst über die Gedanken und Verteidigungsversuche des Familienvaters, dem Schweiß von der Stirn kullert und der vor Nervosität fast noch einen weiteren Unfall verursacht. Weiterhin sucht der Ich-Erzähler die Schuld bei seinem neuen Auto, an dem er noch nicht die Breite einschätzen kann. Herr Ellebracht versucht, sich zu beruhigen, indem er sich einredet, dass er

die Fahrerflucht nur wegen seiner Familie begangen hat. Er befürchtet, dass er wegen seiner Straftat hinter Gitter müsste, was für ihn beruflich wie familiär einschneidende Konsequenzen hätte. Doch sein Gewissen plagt den Fahrerflüchtigen noch mehr, als er auf der Kühlerhaube das Autoemblem als verbogenes Kreuz wahrnimmt, das ihn an die Position des Verletzten erinnern lässt. Ellebracht wird klar, dass er in diesem Zustand nicht zu seiner Familie gehen kann. Deshalb dreht er um und rast zum Unfallort zurück, wo er dem Verletzten helfen möchte. Dieser bedankt sich bei Ellebracht, dass er angehalten habe und der Generalvertreter gibt zu, dass er Fahrerflucht begangen habe, nun aber zurückgekommen sei.

Katharina Höchstätter (M10)

zu ❷

Die Kurzgeschichte schildert emotional mitreißend und spannend, was dem Generalvertreter Ellebracht nach seiner Tat durch den Kopf geht, was er denkt und fühlt. Mit diesen inneren Monologen erzeugt Josef Reding eine Intensität der Aussage, die darin gipfelt, dass kaum ein Mensch mit einem schlechten Gewissen leben kann. Alle Achtung vor dem Menschen Ellebracht, der es schafft, seine Tat zuzugeben. Schön wäre es, wenn wir das alle auch so könnten.

Katharina Höchstätter (M10)

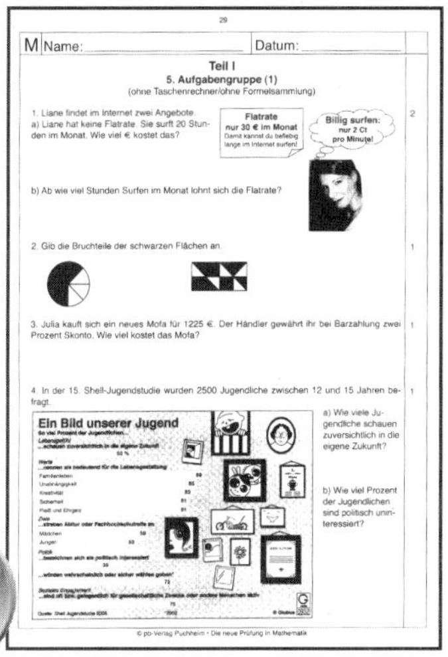

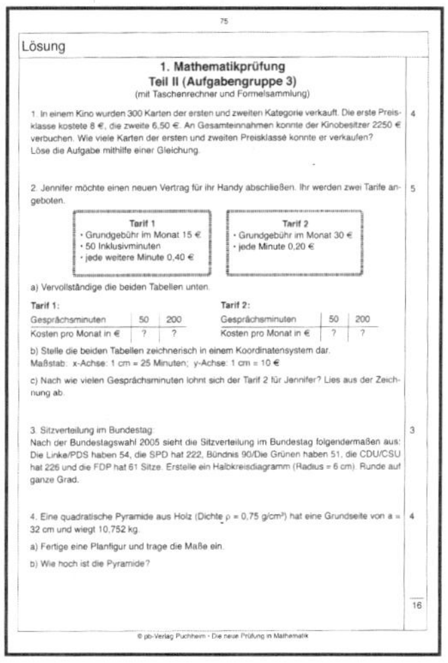

1. Kapitel
Vorbemerkungen zur neuen Prüfung
Prüfungsaufgaben Teil I
mit Lösungen

2. Kapitel
Gesamtprüfungsaufgaben
aus Teil I und II
3 Prüfungen à 3 Aufgabengruppen
mit Lösungen

3. Kapitel
Mündliche Prüfung
9 Aufgabengruppen mit Lösungen

Die neue Mathematikprüfung
Nr. 658 119 Seiten **€ 19,90**

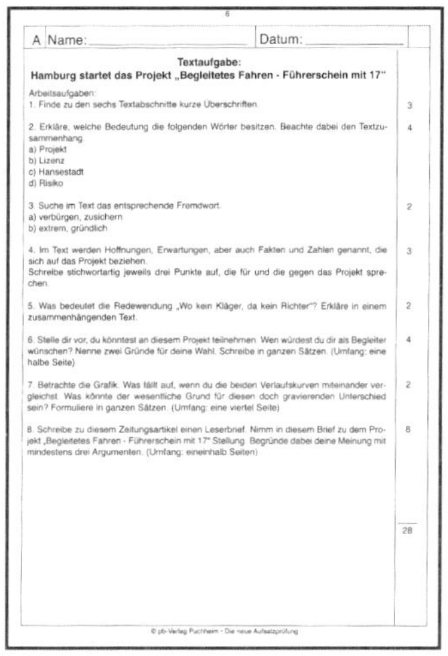

1. Textaufgabe: Hamburg startet das Projekt „Begleitetes Fahren - Führerschein mit 17"
2. Textaufgabe: Alkopops - ein harmloser Partyspaß?
3. Textaufgabe: Fernsehen - ein „Zeitkiller"?
4. Textaufgabe: Schön sein, fit sein, stark sein - ein neuer Kult
5. Textaufgabe: Ausbildungsabbruch, was nun?
6. Textaufgabe: Oje, die Jugend! Schon immer wird sie schlimmer
7. Textaufgabe: Knackige Bräune - ein Schönheitsideal wird zum Risiko
8. Textaufgabe: Lies! Mir! Vor!
9. Textaufgabe: Land ohne Leser
10. Textaufgabe: Energiesparen ist Umweltschutz
11. Textaufgabe: Arm, ärmer, Kind
12. Textaufgabe: Ohne Internet leben - geht das denn noch?

Die neue Aufsatzprüfung
Nr. 657 75 Seiten **€ 16,90**

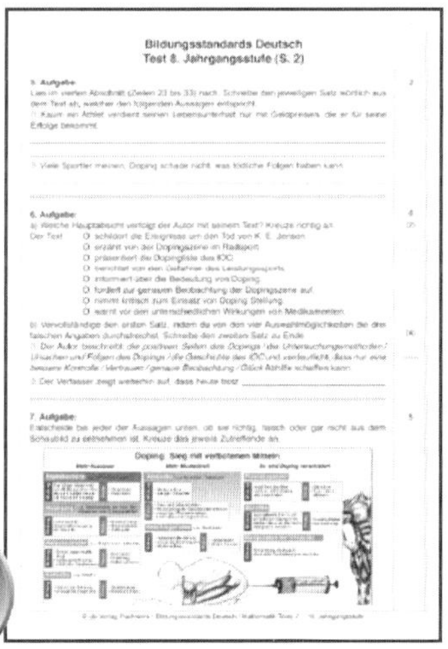

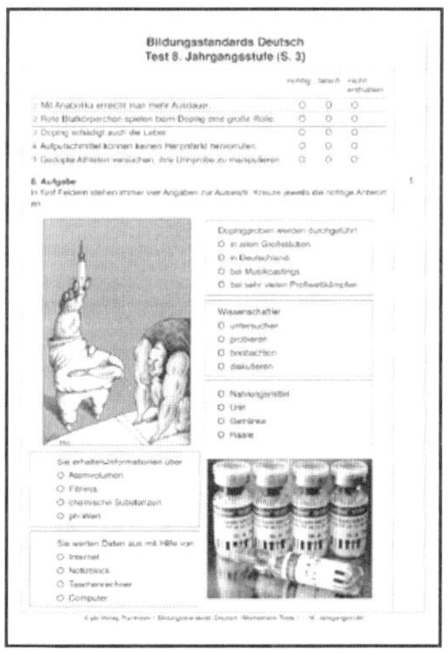

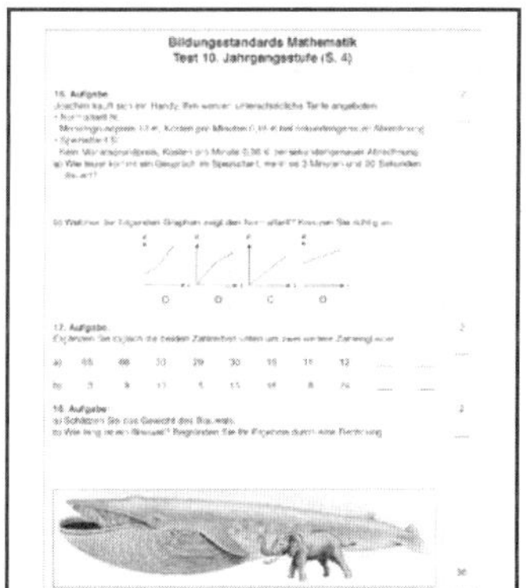

Bildungsstandards Deutsch/Mathematik 7.-10.
Nr. 645 72 Seiten **€ 16,90**

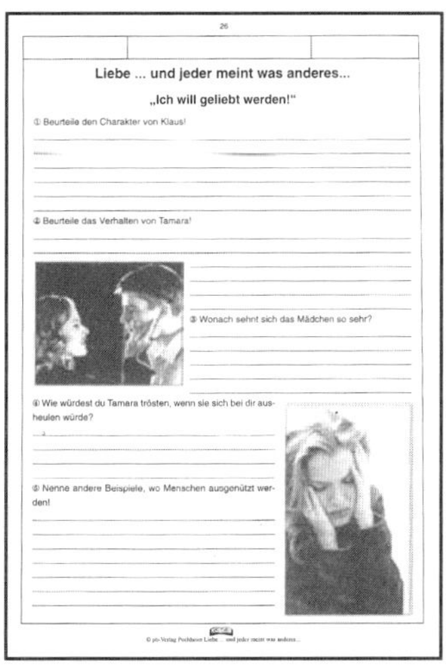

Themen

Schwärmerei für Stars	Krankhafte Tierliebe
Sextourismus	Gewalt gegen Frauen
Fremdgehen	Einschlägige Filme
Liebe zu hilfsbedürftigen Eltern	Alkohol enthemmt
Verwöhntes Kind	Liebe bis zum Tod
Abhängigkeit	Verliebt in den Führer
Masturbation	Fort von den Eltern
Sexuelle Belästigung am Arbeitsplatz	Käufliche Liebe
Homosexualität	Erdrückende Liebe von Eltern
Kindesmissbrauch	Liebe von Herzen
Sehnsucht nach wahrer Liebe	Ein Frauen- und Maulheld
Narzissmus	Ein Mädchen heuchelt Liebe
Noch nicht bereit	

Liebe
Nr. 999 54 Seiten **€ 13,90**

1. Die Erfindung des Buchdrucks
2. Christoph Kolumbus entdeckt die neue Welt
3. Die großen Entdeckungsreisen
4. Eroberungszüge in der neuen Welt
5. Ein neues Weltbild entsteht
6. Renaissance und Humanismus
7. Martin Luther will die Kirche erneuern
8. Martin Luther verteidigt seine Lehre
9. Der Bauernkrieg von 1525
10. Der Augsburger Religionsfriede von 1555
11. Ignatius von Loyola und die Gegenreformation
12. Der Dreißigjährige Krieg (1618-1648)
13. Der Dreißigjährige Krieg und die Folgen
15. Die Wirtschaftsform des Merkantilismus
16. Barock und Rokoko
17. Friedrich der Große Nr. 812 59 Seiten € 14,90 Geschichte Quiz
18. Unabhängigkeitsbestrebungen in Englands Kolonien
19. Die Geburtsstunde der USA
20. Wie werden die Vereinigten Staaten von Amerika regiert?
21. Am Vorabend der Französischen Revolution
22. Die Französische Revolution
23. Die Revolution entartet zur Schreckensherrschaft
24. Wer war Napoleon?
25. Napoleon beherrscht fast ganz Europa
26. Aufstieg und Fall Napoleons
27. Der Wiener Kongress und die Restauration Europas

Geschichte Quiz

Nr. 812 59 Seiten **€ 14,90**

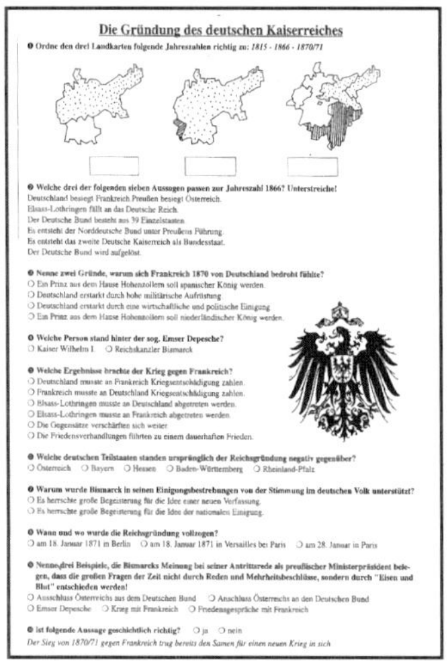

1. Umwälzungen im 19. Jahrhundert
2. Technische Fortschritte im 19. Jahrhundert
3. Die neue Gesellschaft und ihre Probleme
4. Die soziale Frage
5. Karl Marx und der Kommunismus
6. Die Antwort der Kirchen auf die soziale Frage
7. Die Entstehung der Arbeiterparteien Deutschlands
8. Der Staat gibt Sozialgesetze
9. Die Sehnsucht nach Einigkeit und Recht und Freiheit
10. 1848 - ein Jahr der Revolution
11. Das erste gesamtdeutsche Parlament
12. Die Gründung des deutschen Kaiserreiches,
13. Bismarcks Innenpolitik
14. Die Außenpolitik Bismarcks
15. Der Imperialismus
16. Vor dem 1. Weltkrieg
17. Der 1. Weltkrieg
18. Der Verlauf des 1. Weltkrieges
19. Der Vertrag von Versailles
20. Weltpolitische Wandlungen zu Beginn des Jahrhunderts
21. Die Entwicklung der USA im 19. Jahrhundert
22. Die Revolution in Russland 1917
23. Die Entwicklung der Sowjetunion zu Beginn des 20. Jahrhunderts
24. Aufstieg der USA und der UdSSR
25. Der Beginn der Weimarer Republik
26. Weimar und seine innenpolitischen Probleme
27. Der politische Terror von rechts
28. Die Weimarer Republik festigt sich innen und außen
29. Die Gesellschaft in den 20er Jahren

Geschichte Quiz

Nr. 813 70 Seiten **€ 15,90**

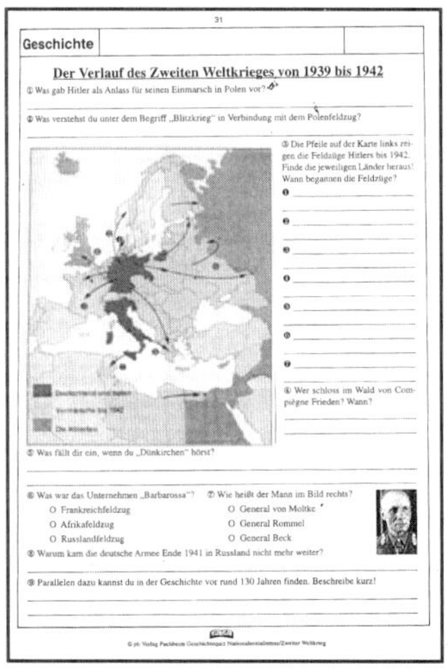

Deutschland unter nationalsozialistischer Diktatur

Warum kommt Hitler so leicht an die Macht?
Hitlers Machtergreifung am 30. Januar 1933
Das Ermächtigungsgesetz
Deutschland wird „gleichgeschaltet"
Hitler greift nach der Jugend
Leben in der NS-Diktatur
Warum fand Hitler so viele Anhänger?
Die Verfolgung der Juden (1/2)
Das Konzentrationslager Dachau
Der Widerstand im Dritten Reich

Der Zweite Weltkrieg und seine unmittelbaren Folgen

Vom Frieden reden - den Krieg planen
Annexionspolitik 1937 bis 1939: Der Griff nach Wien und Prag
Der Verlauf des Zweiten Weltkrieges von 1939 bis 1942
Die Schlacht um Stalingrad
Der totale Krieg
Der Verlauf des Zweiten Weltkrieges von 1942 bis 1945
Not und Elend der Bevölkerung im Bombenkrieg
Deutschland nach der Kapitulation
Flucht und Vertreibung aus den Ostgebieten
Die wirtschaftliche Lage Deutschlands nach dem Krieg
Zusammenfassung
Zeitleiste
Bildrätsel

Geschichte Quiz

Nr. 814 56 Seiten **€ 13,90**

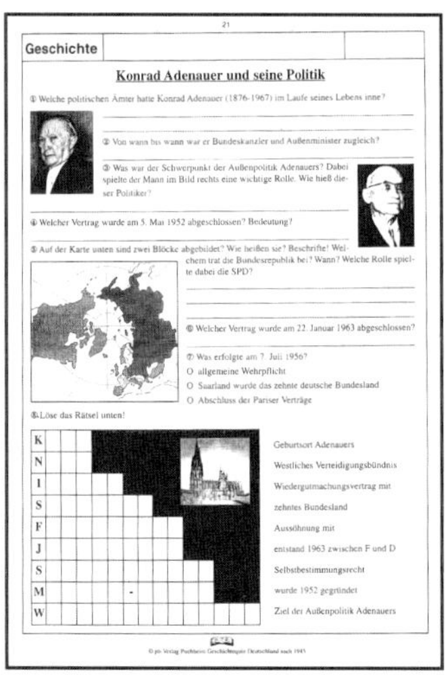

I. Der Ost-West-Gegensatz

1. Die Entstehung des Ost-West-Gegensatzes (1)
2. Die Entstehung des Ost-West-Gegensatzes (2)
3. Berliner Blockade 1948

II. Aus der Geschichte der BRD und der DDR

1. Der Wiederbeginn des politischen Lebens in der BRD
2. Entstehung und Aufstieg der Bundesrepublik Deutschland
3. Grundgesetz und Föderalismus
4. Wie begann das politische Leben in der sowjetischen Besatzungszone?
5. Warum war der 17. Juni unser Nationalfeiertag?
6. Konrad Adenauer und seine Politik
7. Der Bau der Berliner Mauer
8. Die große Koalition (1966-1969)
9. Die sozial-liberale Koalition (1969-1982)
10. Terrorismus in Deutschland
11. Die christlich-liberale Koalition (1982-1998)
12. Die „Rot-Grün-Koalition" (ab 1998)
13. Die Beziehungen zwischen den beiden deutschen Staaten (1) - Politik
14. Die Beziehungen zwischen den beiden deutschen Staaten (2) - Wirtschaft
15. Die Beziehungen zwischen den beiden deutschen Staaten (3) - Freiheit /Unterdrückung
16. Ursachen für den Zusammenbruch der DDR
17. Überblick: Deutsche Geschichte von 1945 bis 1990 (1)
18. Überblick: Deutsche Geschichte von 1945 bis 1990 (2)
19. Überblick: Deutsche Geschichte von 1945 bis 1990 (3)

Geschichte Quiz

Nr. 815 48 Seiten **€ 13,90**